KB100234

학교협동조합
A to Z

학교협동조합
A to Z

발행일	2018년 01월 29일 초판 1쇄 발행
	2024년 10월 31일 초판 3쇄 발행
지은이	주수원 · 박주희
발행인	방득일
편 집	박현주 · 강정화
디자인	강수경
마케팅	김지훈

발행처	맘에드림
주 소	서울시 도봉구 노해로 379 대성빌딩 902호
전 화	02-2269-0425
팩 스	02-2269-0426
e-mail	momdreampub@naver.com

ISBN 978-89-97206-63-6 93370

※ 책값은 뒤표지에 있습니다.
※ 잘못된 책은 구입처에서 교환하여 드립니다.
※ 이 책은 저작권법에 의하여 보호를 받는 저작물이므로 무단 전재와 무단 복제를 금합니다.

학교협동조합
A to Z

주수원 · 박주희 지음

맘에드림

학교협동조합에 대한
다양한 이야기가 모이길 바라며

2013년 서울 영림중학교, 경기도 복정고등학교 단 두 곳에서만 설립됐던 학교협동조합이 5년 만에 전국적으로 60개가 되었습니다. 학교 구성원은 학교협동조합을 통해 학교 사업 운영에 공동으로 참여하여 학교 민주주의에 기여합니다. 특히 학생들의 경우 직접 경제 활동을 경험하고 다른 구성원들과 함께 토론하는 등 학교협동조합이 민주시민교육의 산실이 되고 있습니다. 학생들만 교육의 대상이 아니라 학부모, 교사, 지역 주민들도 이러한 과정을 통해 함께 배우고 성장해가고 있습니다. '연령에 관계없이 서로로부터 배우는 장', 미래 교육의 모습이 여기, 학교협동조합에 있습니다.

학교협동조합의 이야기를 널리 알리는 차원에서 《만들자, 학교협동조합》을 출간했지만 철학, 사례, 교육방법, 정책 방향 등이 모두 담겨 있어 내용이 무겁고 조금은 딱딱한 것도 사실이었습니다. 그로 인해 책을 보다 쉽게 이해하고자, 더 많은 궁금증을 풀고자 전국에서 학교협동조합에 대한 문의와 강의 요청도 많이 왔습니다. 본의 아니게 학교협동조합 전도사로 4년간 전국을 돌아다니게 되었습니다. 학교협동조합을 운영하는 분들의 이야기를 과장되지 않게, 그러면서도 새로 시작하는 분들에게 용기를 불러일으키고 희망을 이야기하기 위해 늘 어느 선까지 말해야 하나 고민하게 되었습니다. 또한 학교협동조합 교육자나 연구자만이 아니라 학교협동조합을 운영하는 당사자분들이 최대한 강의를 하실 수 있도록 연결해드리려 노력하고 있습니다. 하나의 목소리만이 아닌 다양한 목소리가 어우러질 때 학교협동조합의 내용이 더 풍부해지고 더 많은 이에게 호소력을 가질 수 있다고 생각하기 때문입니다.

그러한 가운데 또 하나의 학교협동조합 책을 내게 되어 고민이 많았습니다. 《만들자, 학교협동조합》의 내용을 바탕으로 강의와 상담을 통해 자주 접하게 되는 질문에 대한 답변으로 조금은 더 쉽게 다가갈 수 있는 책이 나왔으면 했습니다. 이미 2015년부터 서울시와 경기도, 경상남도 교육청이 자체적으로 학교협동조합 설립 매뉴얼을 책자로 발간하여 배포했으며, 매점 사업 모델이지만 학교협동조합 운영 매뉴얼도 서울시와 경기도에서 2017년부터 한 권의 책으로 제작하여 배포하고 있습니다.

서울시 교육청의 운영 매뉴얼 책자에는 공동 저자로서 참여하기도 했습니다. 이 책에서도 이러한 설립·운영 매뉴얼의 도움을 많이 받았고 내용도 많이 인용하고 있습니다. 그렇기에 불필요한 책은 아닐까, 학교협동조합에서 저자들의 생각과 이야기가 너무 강조되는 것은 아닐까란 고민이 많이 되었습니다.

그렇지만 이러한 설립, 운영 매뉴얼 책자를 접하기 어려운 분들도 있고, 그동안 나왔던 이야기들을 다시 정리하며 학생, 학부모, 교사별로 궁금한 부분을 바로 찾으며 읽을 수 있게 함으로써 학교협동조합에 대한 문턱을 낮출 수 있기를 바라며 출간을 결심하게 되었습니다.

따라서 저자들의 생각을 정답처럼 제시하기보다는 여러 학교협동조합의 상황을 전달하고 자료들을 소개해드릴 수 있도록 했습니다. 학교협동조합에 대한 이야기가 보다 여러 사람의 목소리로 다양하게 모이고, 학교협동조합 간의 정보 교류와 상호 교육을 통해 더욱 발전해갈 수 있기를 바랍니다. 2017년 8월 22개의 학교협동조합이 모여서 만든 전국학교사회적협동조합연합회도 창립총회를 했고 온·오프라인으로 교류를 더 활발히 해나갈 예정입니다.

또한 2017년 12월부터 매월 뉴스레터를 발행하며 학교협동조합에 대한 소식과 궁금증을 풀어가려 합니다. 따라서 이 책의 제목인 '학교협동조합 A to Z'가 이 책만으로 완결되는 것은 아니라고 생각합니다. 연합회의 뉴스레터와 온라인 커뮤니티 카페. SNS의 페이스

북을 통해 학교협동조합에 대한 다양한 이야기와 궁금증을 해소하기 위해 노력하며 여러 학교협동조합 관계자들의 목소리가 더 확산될 수 있도록 노력하겠습니다.

목차

저자의 말 • 04

1장. 학교협동조합은 무엇이고, 왜 하는 거죠?

01 협동조합, '협동농장' 아닌가요? • 14 / **02** 농협, 서울우유와 같은 협동조합이 왜 학교에서 필요할까요? • 18 / **03** 정부나 교육청에서 학교협동조합을 장려하나요? • 22 / **04** 학교협동조합을 만들면 어떠한 지원을 받나요? • 26 / **05** 학교협동조합은 우리나라에서만 하는 건가요? • 30 / **06** 협동조합을 하기 위해 꼭 매점을 해야하나요? • 36 / **07** 학생들을 위한 이념화 교육은 아닌가요? • 42 / **08** 마을교육공동체와는 어떤 부분이 같고 다른가요? • 46

2장. 학생들은 이런 것들이 궁금해요

01 학교협동조합이 생기면 하고 싶은 것을 다 할 수 있나요? • 52 / **02** 학생도 조합원이나 임원이 될 수 있나요? • 56 / **03** 학교협동조합을 할 때 출자금과 시간은 얼마 정도 드나요? • 60 / **04** 학교협동

조합으로 얻을 수 있는 보람과 즐거움은 무엇인가요? • 64 / 05 교사, 학부모 등 어른들과 소통하는 게 어렵지 않나요? • 68 / 06 사업이나 경영을 전혀 모르는데 할 수 있을까요? • 72 / 07 경제, 경영으로 진로를 택할 아이들만 학교협동조합을 하는 것이 아닐까요? • 76 / 08 졸업 후에도 계속 협동조합과 연계해서 할 수 있는 일이 있을까요? • 80

3장. 교사들은 이런 것들이 궁금해요

01 교사들이 학교협동조합을 시작하게 된 계기는 무엇인가요? • 86 / 02 학교협동조합이 교육과정과 어떻게 연결될 수 있을까요? • 90 / 03 사회적 경제 교육과 학교협동조합은 어떻게 연결되나요? • 96 / 04 학생들과 처음에 어떤 방식으로 협동조합에 대해 이야기할 수 있을까요? • 102 / 05 교장 선생님, 행정실과의 관계는 어떻게 풀어가나요? • 108 / 06 교사로서는 업무만 많아지는 것이 아닐까요? • 112 / 07 교사도 학교협동조합의 이사가 될 수 있나요? • 116 / 08 학교협동조합과 관련해 교원 연수도 하나요? • 120

4장. 학부모들은 이런 것들이 궁금해요

01 학부모들이 동원되거나 자원봉사를 강요받는 것은 아닌가요? • 124 / **02** 학교협동조합을 시작하는 학부모들은 어떤 마음일까요? • 128 / **03** 사업을 안 해본 학부모들이 어떻게 협동조합을 할까요? • 132 / **04** 학교에서 학부모와 선생님의 관계가 수평적이 될 수 있나요? • 136 / **05** 학부모도 학교협동조합에서 교육의 주체가 될 수 있나요? • 140 / **06** 학교운영위원회와의 관계는 어떻게 되나요? • 144 / **07** 아이가 졸업하면 어떻게 활동해야 하나요? • 148 / **08** 지역 주민으로서 참여하는 방법도 있나요? • 152

5장. 학교협동조합은 어떻게 시작해야 하나요?

01 학교협동조합을 설립하려면 어떠한 과정을 거쳐야 하나요? • 156 / **02** 함께하려는 사람을 어떻게 모을 수 있을까요? • 160 / **03** 일반협동조합과 사회적협동조합은 어떤 차이가 있나요? • 166 / **04** 정관은 무엇이고, 어떻게 작성할 수 있나요? • 170 / **05** 총회, 이사회, 운영위원회는 어떻게 꾸리나요? • 176 / **06** 사업계획서는 어떻

게 작성해야 할까요? • 182 / **07** 창립총회는 어떻게 준비하나요? •

188 / **08** 창립총회 전후의 행정 절차는 어떻게 되나요? • 194

6장. 운영하다 보면 주로 어떤 일이 발생하나요?

01 협동조합을 준비하는 과정에서 지출한 비용은 어떻게 하나요? •

202 / **02** 사업을 본격적으로 하려면 어떻게 해야 할까요? • 204 /

03 협동조합도 세무 · 회계가 필요한가요? • 206 / **04** 노동자는 몇

명 정도 고용하나요? • 210 / **05** 적자가 나면 어떻게 하고, 흑자가

나면 어떻게 하나요? • 214 / **06** 매년 총회를 해야 하나요? • 218 /

07 경영 공시는 뭐죠? 왜 해야 하나요? • 222 / **08** 설립등기 이후에

도 변경등기를 해야 하나요? • 226

참고 문헌 • 230

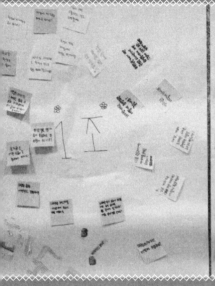

1장

학교협동조합은 무엇이고,
왜 하는 거죠?

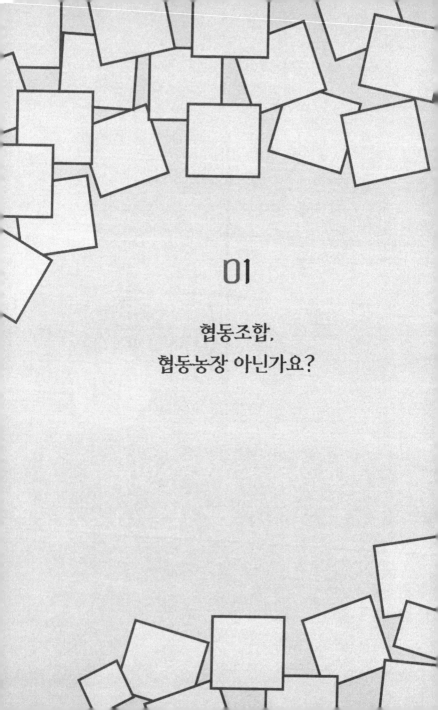

01

협동조합,
협동농장 아닌가요?

협동조합 하면 북한의 협동농장이 생각난다고 하는 분들이 있습니다. 이러한 말 속에는 협동조합이란 사회주의 국가에서나 하는 것이 아닌가란 생각이 담겨 있겠지요. 하지만 협동조합은 미국과 서유럽을 포함한 전 세계에 퍼져 있는 경제조직입니다. 미국의 썬키스트, 유럽의 FC바르셀로나처럼 규모가 크고 유명한 기업체도 많습니다.

UN에서 2012년을 협동조합의 해로 정할 만큼 협동조합은 대안적 경제조직으로서 전 세계적으로 주목받고 있답니다. 협동조합은 다음과 같이 정의됩니다.

> 국제협동조합연맹(ICA)
>
> 공동으로 소유되고 민주적으로 운영되는 사업체를 통하여 공통의 경제적·사회적·문화적 필요와 욕구를 충족시키고자 하는 사람들이 자발적으로 결성한 자율적인 조직.
>
> 협동조합 기본법
>
> 재화, 또는 용역의 구매·생산·판매·제공 등을 협동으로 영위함으로써 조합원의 권익을 향상하고 지역사회에 공헌하고자 하는 사업 조직.

두 정의에서 공통되는 단어로 먼저 '사업체'를 찾아볼 수 있습니다. 국제협동조합연맹(ICA)에서는 "공동으로 소유되고 민주적으로 운영되는 사업체를 통하여"라고 표현되어 있고, '협동조합 기본법'에서는 "조합원의 권익을 향상하고 지역사회에 공헌하고자 하는 사업조직"이라고 되어 있죠. 엄연한 경제조직이며 모든 경제체제에 많이 확산되어 있는 사업 모델이에요.

그런데 이 사업체는 우리가 일반적으로 알고 있는 사업체와는 다른 특징들이 있습니다. "공통의 경제적·사회적·문화적 필요와 욕구를 충족"(ICA), "조합원의 권익을 향상하고 지역사회에 공헌"(협동조합 기본법) 등, 조금씩은 다르게 표현되어 있지만 '공동의 필요'를 충족하고자 하는 것을 알 수 있습니다.

우리한테 보다 익숙한 사업체, 주식회사의 목적은 무엇인가요? 네, 바로 이윤 창출이죠. 투자자들을 위해 많은 돈을 벌어들이는 것이 목적입니다. 하지만 협동조합은 공동의 필요를 느끼는 조합원, 이러한 필요를 바탕으로 실제 협동조합을 이용하고 참여하는 이들의 필요를 충족시킬 것을 목적으로 하고 있습니다. 만약 내가 투자한 돈 대비 많은 수익을 보장받고자 한다면 협동조합 방식의 사업체보다는 주식회사 방식의 사업체가 보다 효과적이겠죠.

마지막으로 운영 원리 역시 일반 사업체와 다른 특징을 보입니다. "공동으로 소유되고 민주적으로 운영", "자발적으로 결성한 자율적인 조직"(ICA), "협동으로 영위"(협동조합 기본법)한다고 나와 있죠. 국가나 정당이 정한 대로 가는 것이 아니라, 협동조합의 주인인 조합원들끼리 논의해서 운영 방식과 분배 방식을 포함해 다양한 규칙을 결정해 나갑니다.

이런 특징들로 인해 미국 농무성에서는 협동조합을 "이용자가 소유하고, 이용자가 통제하며, 이용 규모를 기준으로 이익을 배분하는 사업체"라고 정의하기도 합니다. 투자자가 소유하고, 투자자가 통제하며, 투자 규모를 기준으로 이익을 배분하는 사업체는 뭘까요? 바로 주식회사이겠죠. 협동조합은 이러한 투자자 중심의 사업 모델이 아닌 이용자 중심의 사업 모델이라고 볼 수 있습니다.

자, 이렇게 찾은 3가지 키워드(필요, 사업, 규칙)를 연결해서 협동조합을 정의해보겠습니다. '공동의 필요를 사업으로 만든 규칙 있는 모임'이라고 말이죠. 그리고 이를 다시 2개의 단어로 축소할 수도 있습니다. 공통의 필요에 따라 독특한 규칙으로 만들어진 모임을 결사체(結社體)라고 하지요. 국어사전에는 "뜻이 같은 사람들이 공통의 목적을 이루기 위해 조직한 단체"라고 되어 있습니다. 이렇게 보면 협동조합은 사업체이자 동시에 결사체이기도 합니다. 협동조합은 뜻과 사람으로 이루어진 결사체이면서 동시에 경제사업을 하는 사업체로서 독특한 성격을 가지고 있습니다.

02

농협, 서울우유와 같은
협동조합이
왜 학교에서 필요할까요?

협동조합이 이윤 창출만을 목표로 하는 사업체가 아닌, 조합원들의 필요를 충족하고 지역사회에 공헌하고자 하는 사업체라면 지역에 많이 생기면 좋긴 하겠지만, 왜 학교에까지 있어야 하느냐고 반문하는 경우도 많습니다.

학교협동조합은 간단히 말해, 학교 구성원들이 만든 협동조합입니다. '공동의 필요를 위해 사업으로 만든 규칙 있는 모임'이 학교에 생기는 것이죠. 그렇다면 학생, 교직원, 학부모, 지역 공동체가 학교 구성원으로 묶여서 협동조합을 만들 이유가 무엇이 있을까요?

먼저 학교는 동질 집단이 하루의 대부분을 함께 생활하는 공간으로서 다양한 소비가 이뤄집니다. 따라서 좋은 먹거리 구매나 재활용 교복 구매 등 다양한 공동의 필요가 발생할 수 있습니다. 또한 교육에서도 기존에 시장성이 없다면 제공 받지 못했던 상품과 서비스, 국가나 지방자치단체(이하 지자체)의 시선이 닿지 못한 부분의 필요를 충족하기 위해 힘을 모을 수 있습니다. 방과 후 돌봄 교육, 천편일률적인 대규모 수학여행에서 탈피한 소규모 테마형 여행 등을 예로 들 수 있습니다.

즉 협동조합 구성이라는 측면에서 학교는 다른 공간보다 공동의 필요를 발굴하기 쉬운 공간이라고 볼 수 있습니다. 매점 사업을 예로 든다면, 대부분 학교 매점은 독점적으로 운영됩니다. 학교에 매점이 하나뿐이니, 학생들로서는 아무리 품질과 가격이 마음에 들지 않아도 당장의 허기를 달래기 위해 울며 겨자 먹기로 군것질거리를 사먹는 경우가 많습니다. 이런 상황에서 '차라리 우리가 매점을 함께 운영하는 것은 어떨까?' 하는 생각을 하게 될 가능성이 높아지는 것이죠.

더불어 사실 학교는 협동조합을 하는 데 이점이 많은 곳입니다. 협동조합 이론가들은 소비조합을 창립하거나 성공하려면 몇 가지 조건이 필요하다는 점을 이야기합니다. 예컨대 기존 사업체가 독과점 상태이거나 기존 상품의 질을 소비자들이 신뢰하지 못할 때이죠. 또한 설립 이후 조합이 성공적으로 유지되려면 조합원들이 물리적 거리상 가까이 거주하고, 공통의 필요와 이해관계에 대한 의견 조율이 쉬워야 한다고 보고 있습니다.

그런데 학교의 경우, 주요 조합원인 학생과 교사가 비슷한 생활 패턴 아래 하루 중의 많은 시간을 함께 보내는 공간입니다. 따라서 다른 협동조합들에 비해 회의와 참여 활동이 원활할 수 있고, 필요나 이해관계의 공통점도 큽니다. 예를 들어 다른 협동조합들의 경우 총회 한 번 하려면 일일이 조합원들에게 연락해야 하는 반면, 학교협동조합은 교내 방송으로 알리는 등 기동성이 좋기도 하고요. 또한 생활 패턴이 비슷하니 필요 물품도 비슷해서 매점에 많은 종류의 물품을 갖추지 않아도 되므로 운영 비용을 절약할 수 있습니다.

마지막으로 학교협동조합에서는 비록 조합원들 간의 이해와 의견이 달라 조율이 필요할지언정, 기업과 달리 이런 의사 결정 과정이 '비용'이 아닌 그 자체로 교육적 '효과'를 가지는 의미 있는 활동이 될 수 있습니다(장종익, 2014). 나와 생각이 다른 사람들과 의견을 맞춰가는 민주시민교육의 과정인 것이죠. 이뿐만 아니라 뒤에서 더 설명하겠지만 진로 교육, 기업가 정신 교육 등 여러 교육적 요소가 많답니다.

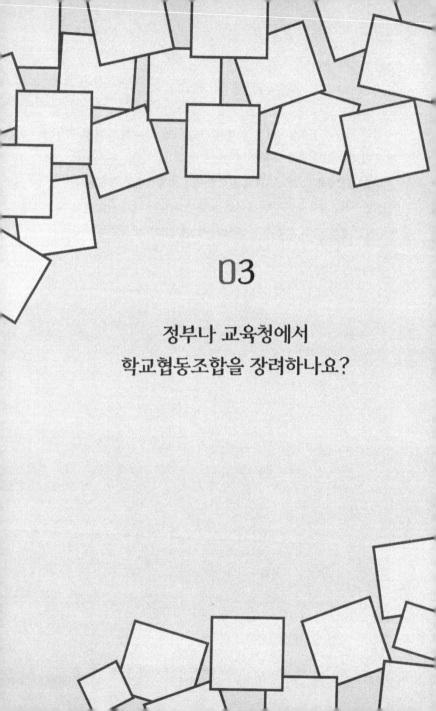

03

정부나 교육청에서
학교협동조합을 장려하나요?

2013년 서울의 영림중학교와 경기도 성남의 복정고등학교 단 2개뿐이던 학교협동조합이 5년이 지난 현재 60개를 넘어서고 있습니다. 인가 받지 않고 동아리 형태로 운영되는 곳까지 합하면 그 수는 더욱 많겠죠.

몇 년 사이 학교협동조합이 이렇게 많아진 데에는 교육청과 지자체의 적극적인 정책도 한몫한 것이 분명합니다. 또한 더 크게 보면 앞서 설명했듯이 2012년 '협동조합 기본법'이 시행되면서 협동조합이 우리 사회에서 진보와 보수를 떠나 대안경제 모델로서 적극적으로 모색된 분위기도 있었고요.

더욱이 최근에는 기획재정부(이하 기재부), 교육부에서도 학교협동조합에 적극적입니다. 기재부에서는 제1차 협동조합 기본 계획에 이어 제2차 협동조합 기본 계획(2017~2019)에도 학교협동조합과 관련한 정책을 제시했습니다. 아울러 2017년 10월 발표한 정부의 사회적 경제 활성화 계획에는 관계 부처 협력으로 다음과 같이 학교협동조합을 비롯해서 여러 계획이 들어가 있습니다.

정부의 사회적 경제 활성화 계획(17. 10. 17.) 중 사회적 경제 교육 환경 조성(교육부, 고용부, 복지부, 행안부, 여가부, 인사처, 조달청)

① 초 | 중등 교육 內 사회적 경제 교육 확대

– 사회적 경제 교수·학습자료 개발·보급 및 교원 교육을 강화하고 시·도 교육청의 관련 교과목 신설 및 인정 교과서 개발 지원*

　　* 사회적 경제 교육 내용을 개발·제시하고, 인정 도서 개발 절차 등 안내

　　** 차기 교육과정 개정 시, 사회적 경제 관련 내용 확대·반영

– 사회적 경제 체험이 가능한 학교협동조합*의 설립·운영 지원체계 마련

　　* (조합원) 학생 | 학부모 등, (사업 활동) 매점 운영 | 진로 | 방과후 학습 등

그렇지만 학교협동조합은 단순히 정부나 교육청, 또는 지자체에서 시민을 동원해서 만들 수 있는 모델은 아닙니다. 더욱이 학교협동조합을 한다고 해서 특별한 혜택이나 지원이 있는 것도 아닙니다. 이 부분은 뒤에서 다시 설명하겠습니다.

협동조합도 마찬가지지만 학교협동조합은 누군가가 시켜서 할 수 있는 일이 아닙니다. 함께하려는 이들이 충분한 시간을 들여 스스로에게 필요한 것인지 논의하면서 같이 만들어야 하는 것이지요. 무엇보다 학교협동조합은 학교나 교육청의 하부 조직이 아닙니다. 조합원들이 자율적으로 의사를 결정하며 외부와 독립된 관계를 갖는 조

직이죠. 협동조합의 7원칙 중에도 '자율과 독립'의 원칙으로 "협동조합은 조합원들에 의해 관리되는 자율적인 자조 조직이다. 협동조합이 정부 등 다른 조직과 약정을 맺거나 외부에서 자본을 조달하고자 할 때는 조합원에 의한 민주적 관리가 보장되고 협동조합의 자율성이 유지되어야 한다."라고 전제하고 있습니다.

그렇기에 정부 역시 학교협동조합을 교육 공공성의 책임을 민간에 떠넘기는 수단으로 여겨서는 안 될 것입니다. 분명 앞서 말했듯이 학교협동조합을 통해 기존의 학교에서 이뤄지던 소비가 더 좋아질 수 있습니다. 학교 구성원들이 직접 운영에 참여함으로써 수요자의 요구를 효과적으로 반영하고 다양한 자원을 활용할 수 있으며 공공성을 높일 수 있기 때문입니다. 하지만 정부가 이를 악용하여 구조조정이나 무리한 민영화, 혹은 예산 절감 등을 목적으로 국가 업무를 협동조합에 위탁하려 든다면 문제가 발생할 수 있습니다. 예를 들어 초등돌봄교실 등 교육 분야에서 학교와 연계한 협동조합 모델이 생겨나는 것은 매우 바람직하지만, 그 내용이 정부의 공적 책임과 예산을 절감하는 차원으로 왜곡되어서는 안 될 것입니다.

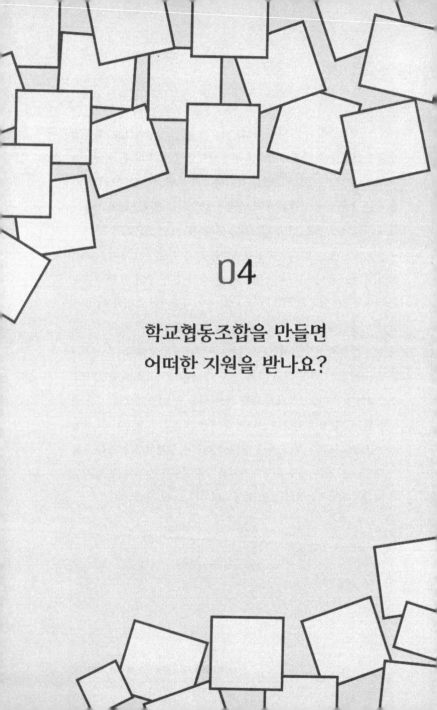

04

학교협동조합을 만들면
어떠한 지원을 받나요?

아무런 지원이 없는 것은 아닙니다. 먼저 서울시, 경기도, 광주시, 인천시 교육청 등에 학교협동조합과 관련한 조례가 생겼습니다. 각 교육청은 조례를 통하여 기본 계획, 위원회 구성, 우선 구매, 수의계약 등의 근거를 마련하고 있습니다. 서울시 교육청의 조례 중 학교협동조합 지원 사항을 살펴볼까요.

'서울특별시교육청 학교협동조합 지원 및 육성에 관한 조례' 중 지원 사항

제8조(지원) 교육감은 학교협동조합의 기반 조성과 활성화를 위하여 다음 각 호의 사항을 지원할 수 있다.

1. 학교협동조합의 설립과 운영에 필요한 자문 및 정보의 제공
2. 학교협동조합을 위한 비즈니스 모델의 개발과 보급
3. 학교협동조합의 인지도 제고와 저변 확대를 위한 홍보·교육, 컨설팅 제공
4. 학교협동조합 간의 상호 협력 및 관련 기관과의 네트워크 구축
5. 그 밖에 교육감이 필요하다고 인정하는 사항

이처럼 학교협동조합 및 사회적 경제와 관련된 교육활동 지원, 설립과 운영에 필요한 자문 및 정보 제공, 학교협동조합 간의 상호 협

력 및 관련 기관과의 네트워크 구축 등을 진행하고 있습니다. 2017년 3월에는 서울에서 전국 최초로 학교협동조합지원센터를 설립하고 학교협동조합을 운영하는 데 도움이 될 만한 상담도 진행하고 있고요. 또한 학교협동조합 담당 교사, 행정실 직원 등을 위해 온·오프라인 연수도 진행하고 있습니다. 지역에 따라 시설비를 지원하는 경우도 있습니다. 앞서 협동조합은 정부의 하부 조직이 아니고 자율적으로 운영되어야 한다고 했는데 이러한 지원은 모순되지 않느냐고 말하는 사람도 있을 것입니다. 하지만 자율성과 독립의 원칙이 정부의 지원과 충돌되는 것은 아닙니다. 국제협동조합운동의 이론가이자 실천가인 레이들로 박사(A. F., Laidlaw)도 1980년 국제협동조합연맹(ICA) 총회 보고서에서 협동조합을 '지원하는 것'과 '권력을 행사하는 것'은 구분되어야 한다고 강조했습니다. 즉 지원은 필요하지만 그것이 협동조합의 독립성과 자율성을 해쳐서는 안 된다는 것이죠. 특히 그는 공익적 사업을 시행하는 협동조합에 대한 국가의 지원을 강조하고 있습니다.

국가와 학교협동조합의 관계도 마찬가지입니다. 학생들을 위한 교육과 복지에 중심을 둔 학교협동조합 운영에는 교육청, 지자체, 학교의 지원이 필수적입니다. 학교협동조합을 산하단체처럼 여기지 않고 독립성을 해치지 않는 범위에서 지원을 펼치면 됩니다. 학교협동조합의 자율과 독립성을 유지할 수 있는 지원 원칙과 방향 설정에 대해 다음과 같이 제안을 해봅니다.

첫째, 교육청이나 지자체가 학교협동조합을 지원할 때, 양적 지표에 함몰되거나 관 주도의 하향식 지원 방식이 아니라 아래로부터의 자생력을 가질 수 있도록 지원하는 것이 중요합니다. 예컨대 한 교육청에서 학교협동조합 시범사업을 한다고 할 때, 조합 설립을 유인하기 위한 공간 조성(하드웨어)뿐 아니라 구성원들이 스스로 학습할 수 있도록 교육 지원(소프트웨어)을 함께 결합해야만 구성원들이 자생력을 가지고 학교협동조합의 가능성을 보다 원활하게 발현할 수 있습니다.

둘째, 학교협동조합 간의 협력을 활성화하여 학교협동조합들이 자생력을 강화할 수 있도록 해야 합니다. 지자체와 교육청에서 학교협동조합 간 상호 멘토링 사업 정책을 마련하여 안정된 선배 학교협동조합이 새로 시작하는 신생 학교협동조합을 지원할 수 있도록 해야 합니다. 다만 이러한 멘토링이 재능 기부로 강요되지 않도록 적정한 자문비를 책정해야 할 것입니다. 이러한 상호 멘토링 사업이 중요한 이유는 기존 학교협동조합의 역량을 강화하고, 상호 네트워크를 구축하는 일이야말로 학교협동조합 생태계를 만드는 데 큰 힘이 되기 때문입니다.

05

학교협동조합은
우리나라에서만 하는 건가요?

학교협동조합은 우리나라에만 있는 제도가 아닙니다. 사실 우리나라에서도 최근에서야 나타난 것은 아닙니다. 거슬러 올라가면 1958년 설립된 충남 홍성의 풀무학교가 있었습니다. 또한 1980년대 중반까지 중·고등학교에 학교협동조합이 존재하기도 했고요. 1962년 당시 문교부가 고등학교에 협동조합 규약 준칙을 시달하면서 매점, 또는 서점 등을 협동조합 체제로 운영할 수 있도록 했거든요. 1979년에는 중학교에도 협동조합을 설치할 수 있도록 했고요. 잊힌 역사인 것이죠.

외국의 경우 말레이시아, 영국, 프랑스 등의 사례를 들 수 있습니다. 먼저 말레이시아는 1953년에 학교협동조합을 설립할 수 있도록 하는 결의안이 채택되었고, 1968년 정부가 9개의 학교에서 시범적으로 진행하면서 급격히 성장했습니다.

2015년 12월 기준 말레이시아에 등록된 협동조합은 1만 2769개에 달하며, 조합원 수는 749만 명이 넘습니다. 이 중 학교협동조합은 2333개이며 조합원 수는 208만 7466명입니다. 이제 60개 정도 설립되어 운영 중인 우리와 비교하면 엄청난 규모이죠?

우리나라의 교육부와 기재부에 해당하는 정부 기관과 협동조합대학, 협동조합연합회, 협동조합진흥원 등에서 체계적으로 지원하며 다양한 교육이 이뤄지고 있습니다. 사업적인 부분도 다양해서 우리나라에는 학교 매점 사업이 대부분인 반면, 말레이시아에서는 수학여행, 세탁소, 농업, 기념품 제작 등 학교 내에서 소비하고 생산하는 대부분의 사업이 학교협동조합 방식으로 이뤄지고 있어요.

말레이시아에 학교협동조합이 이토록 발달한 이유는 젊어서 사업을 시작하거나 부를 누릴 만한 환경이 마련되지 않았던 만큼, 사업이 무엇인지 간접적으로나마 배울 수 있는 교육이 필요했기 때문입니다. 즉 학교협동조합을 통해 공동의 필요를 해결하며, 사업체를 운영하는 법을 배우고, 경영·회계 등 살아 있는 경제 교육을 시행하고 있습니다.

또한 학교협동조합을 통해 학생들이 자기가 살고 있는 지역에 대해 더 애착심을 가질 수 있도록 하고 있습니다. 학교 간의 수학여행 교류 프로그램인데요. 전국 곳곳에 있는 다른 지역 학교를 방문해 그 지역 문화를 배우고 서로 이해하는 시간을 가지는 프로그램입니다.

말레이시아 학교협동조합의 수학여행 프로그램이 한국에 소개된 이후 이를 참고한 프로그램이 생기고 있기도 합니다. 안성시 비룡중학교의 황현정 선생님이 교환수학여행을 주제로 한 학기동안 현장체험학습을 하고 다른 과목 교사들과 교과 과정을 재구성했던 사례인데요. 이 결과는 단행본으로 나왔으니 참고하실 수도 있겠습니다 (박주희 외, 2015).

영국은 학교 자체를 협동조합 방식으로 운영하고 있습니다. 협동조합학교(Cooperative School)인 셈인데요. 2008년부터 생겨난 이런 새로운 학교가 급증하여, 2015년 10월 기준으로 834개에 이릅니다.

그럼 일반 학교와 어떻게 다를까요? 먼저 학교의 가치로서 협동조합의 가치를 공식적으로 강조합니다. 학교의 정관에 협동조합의 가치를 지향한다는 점을 분명히 밝히고 그 내용을 구체화하고 있습니다. 둘째, 조직 면에서 협동조합 운영 기구를 가지고 있습니다. 총회, 대의원총회, 이사회, 분과위원회를 두고 있고요. 셋째, 학교에 등록된 학생 및 학부모, 그리고 교사, 지역사회의 구성원이 협동조합 구성원이 될 수 있도록 했습니다. 마지막으로 학생의회를 두어 학생 참여를 독려하고 있습니다(박주희, 2016a; 2016b).

이뿐만이 아닙니다. 이러한 협동조합학교는 대부분 학교 내에 학생들이 스스로 작은 동아리형 협동조합을 만들어서 운영해보는 '청소년협동조합(Young Cooperative)'이라는 교육 프로그램을 운영하고 있습니다. 공정무역 가게로 시작했으나 지금은 텃밭, 매점, 케이터링, 연극공연 등으로 확대되었고요. 학생들이 중심이 된 다양한 협동조합 문제 해결 프로젝트를 진행하고, 학교를 넘어 지역으로까지 확장되기도 합니다.

영국 위건 지역의 협동조합 학교인 골번 중·고등학교는 이러한 청소년협동조합 활동을 더 잘 지원하기 위해 지역의 초등학교와 커뮤니티, 대학 및 환경단체와 함께 골번앤로손협동조합재단을 만들었습니다. 이 재단은 다른 여러 사업과 함께 습지 생태계를 되살리는 프로젝트를 진행하고, 이를 관찰하는 현장학습을 합니다. 습지 조성에 필요한 자금을 모으기 위해 기금 마련 행사도 하고요.

마지막으로 프랑스는 초등학교에서 교사와 학생이 협동의 방식으로 학급을 운영하고 있습니다. 그 바탕에는 프레네 교육이 있습니다. 프레네 교육은 독일의 발도르프 교육, 이탈리아의 몬테소리 교육과 함께 대안적 교육방법으로 유명하죠.

특히 프레네 교육은 별도로 대안학교를 설립하기보다는 기존의 공교육 안에서 공동 학습과 삶으로부터 시작하는 교육을 이뤄내려고 노력한다는 점이 특징입니다. 학교 자체를 하나의 작은 사회로 보고, 학급을 하나의 공동체이자 공동 생활의 장으로 보면서 학생과 교사가 협동으로 운영하려고 노력합니다.

이러한 프레네 교육의 철학이 바탕이 되어 프랑스에는 전국 102개 지역에서 5만여 개 소규모 협동조합으로 나뉘어 400만 명의 조합원이 활동하고 있습니다.

프랑스 학교협동조합의 핵심은 '학생과 교사의 공동 프로젝트'에 있습니다. 어떤 과업을 수행할지는 학생들이 결정하는데, 프로그램을 진행하는 데 필요한 재원을 마련하기 위해 스스로 아이디어를 제시합니다. 학급 교육 기구와 지출과 관련된 사항도 함께 결정하고요. 이처럼 프랑스 학생들은 자율적 활동을 통해 연대감을 고취하고 협동을 배우며 현장실습의 기회도 얻게 됩니다. 협동조합에서는 학생들이 이런 활동들에 능동적으로 참여할 수 있도록 협동조합위원회를 운영합니다.

어떠세요? 외국 사례를 살펴보니 학교협동조합이 단순히 학교에서 협동으로 사업을 하는 것만이 아니라 다양한 교육 원리가 담겨 있다는 것이 느껴지지 않나요?

말레이시아 사례에서는 학생이 학교협동조합을 통해 적극적으로 다양한 사업에 참여하며 삶에서 경제 교육을 습득할 수 있다는 점을 볼 수 있습니다. 또 영국 사례를 통해 학교의 운영 원리가 보다 민주적으로 바뀔 수 있다는 점을 보았고요. 끝으로 프랑스의 경우는 학생과 교사의 협력적 관계 모색을 통한 삶의 방식 찾기, 민주시민교육으로의 지향점을 볼 수 있습니다.

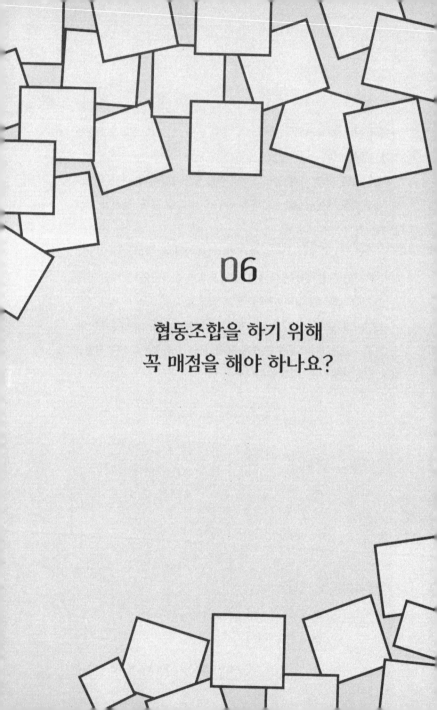

06

협동조합을 하기 위해
꼭 매점을 해야 하나요?

매점은 하나의 사례일 뿐입니다. 학교 안에서 벌어지는 소비들은 그야말로 다양합니다. 식자재 구매 같은 상시적 소비, 교구재 구매 및 방과 후 프로그램 같은 정기적 소비, 교복·수학여행 같이 재학 중 한 차례 생기는 소비까지 모두 학교 안에서 이루어집니다. 문제는 이러한 소비생활에 구성원들의 의견을 반영할 통로가 별로 없다는 점입니다. 마음에 들지 않아도 살 수밖에 없거니와 선택지가 늘어난들 객관식 내의 선택과 다를 바 없고요.

독특한 학교협동조합 방식의 예로서 말레이시아의 수학여행 프로그램을 자세히 들여다볼까요? 앞에서 잠깐 소개했듯이 이 프로그램은 2010년 45명의 학생들이 홈스테이 방식으로 진행된 수학여행에 참여하면서 시작되었습니다. 전국 곳곳에 있는 다른 지역 학교를 방문해 그 지역 문화를 배우고 서로 이해하는 시간을 가지는 프로그램입니다.

학교 기숙사 등을 숙소로 활용하면서 여행 경비도 절약하고 학생들도 프로그램을 운영하며 다양한 체험을 하게 됩니다. 무엇보다 외지에서 온 학생들을 가이드해주기 위해 자신이 사는 지역을 체계적으로 공부하며 자연스레 지역에 대한 이해도가 높아지고요. 더불어 좀 더 즐겁고 보람찬 여행을 만들기 위해 워크숍에서 다양한 논의를 펼쳐 함께 프로그램을 발전시킬 수 있습니다.

물론 현장체험학습을 이러한 학교협동조합 방식으로 해나가기 위해서는 많은 전제 조건이 따릅니다. 앞서 학교 안에서 이뤄지는 사업 중에 학교 구성원이 함께 협동조합으로 하기 어려운 사업도 있고요. 제도가 바뀌어야 하고 함께하려는 사업에 관심 있는 학교 구성원이 생겨야 하고, 또 이를 수행할 역량도 필요할 것입니다. 그렇지만 '학교협동조합=매점'이라는 등식은 학교협동조합의 무한한 가능성을 제한하는 아쉬운 부분입니다.

서울의 성수공업고등학교에서 만든 학교협동조합을 살펴볼까요? 성수공고의 에코바이크과는 자전거와 모터사이클 정비에 대한 전문적인 이론과 실습을 통해 전문 기능 인력을 양성하여 배출하고 있는 곳입니다. 이를 위해 학생들의 진로와 취업에 대한 교육, 다양한 현장 체험 학습 및 인력 양성 프로그램이 운영되고 있습니다.

성수고 바이크쿱은 이러한 특성화 고등학교의 시설, 인적 자원을 활용해 자전거·모터사이클을 정비하고 지역 주민을 대상으로 평생교육 사업 등을 하기 위해 설립되었습니다. 학교 인근과 한강변 등에 폐기되거나 방치된 자전거를 수거하여 수리하고 불우 이웃이나 지역 주민 등 자전거가 필요한 사람에게 나누어주고 있습니다. 주민들을 위한 평생교육도 하고요.

한영욱 선생님은 "우리가 학교협동조합을 만든 목적 중 하나는 학생들에게 현장실습 터를 제공하기 위한 것도 있다."라고 하면서 "협동조합 법인체가 되면 학생들이 돈을 받으면서 현장실습을 하게 될 것"이라고 내다봤습니다(《오마이뉴스》, 2017). 말 그대로 학교협동조합은 학교 안에서 안전하게 교육적 효과를 높이는 가운데 현장실습의 장을 제공할 뿐 아니라 학생들의 모둠 창업의 장이 될 수 있습니다. 비즈쿨 내지 학교 기업 제도와도 연계될 수 있는 대목입니다.

실제 한국도예고등학교의 경우 학생들이 제작한 도자기를 협동조합이 매개체가 되어 매점, 도자기 축제나 박람회 등을 통해 판매하고 있습니다. 2016년 협동조합의 전체 매출 6000만 원 중에서 도자기 판매와 관련된 매출이 1000만 원가량 차지하고요. 이러한 활동은 학생들의 향후 진로에서도 큰 도움이 됩니다. 졸업생들은 도예예술을 하는 경우에도 생활도자기 공방을 운영하면서 번 수익으로 생계를 유지하고 예술에 재투자하기 때문입니다. 따라서 학생들이 도자기를 잘 만드는 것만이 아니라 시장과 소비자에 대한 이해를 바탕으로 창작과 생산을 기획하고 판매하는 훈련이 특히 중요합니다.

고등학생들만이 아니라 초등학생들이 생산자 조합원이 되어 활동하는 사례도 있습니다. 영화 〈라디오스타〉의 배경이 된 강원도 영월의 연당초등학교 사례입니다.

여기서는 먼저 마을의 협조를 받아 학생들이 마을 주민과 함께 친환경 생태 실습 및 노작 활동을 할 수 있는 비닐하우스 텃밭을 확보했습니다. 지역에서 많이 생산되는 아로니아를 재배하기 위해 지역의 농장과 협의해 학생 1명당 아로니아 나무를 한 그루씩 계약 재배하기로 약정서를 체결했고요. 계약 재배 약정서는 어린이자치회와 아로니아 농원의 대표가 서명했습니다. 이렇게 아로니아 50그루를 재배하기로 계약이 이뤄졌습니다. 아로니아 1주는 5000원에 계약하며, 재배된 아로니아는 향후 아로니아 가공 사업에 활용하기로 했습니다.

마을 주민들은 학생들이 아로니아를 재배하고 생산 및 가공하는 활동에 참여하고 지도할 수 있지만 어디까지나 학생들이 책임을 지는 구조였습니다. 수익금은 연당초등학교 사회적협동조합에 귀속되며, 교육 목적으로 학생들에게 배당금을 지급할 수 있도록 했습니다.

학생들이 재배한 아로니아 열매는 학생들이 직접 포장했습니다. 포장지에는 연당초등학교 사회적협동조합의 농산물임을 알 수 있게 스티커도 부착했습니다. 생산자와 생산 날짜 역시 표기했고요. 이렇게 최종 포장된 농산물은 교직원 및 지역사회를 대상으로 판매되었습니다. 마을의 생태 체험 텃밭에서 수확한 농산물을 판매하기 위해 학생들은 시장가격을 조사했고, 이를 토대로 스스로 가격을 결정했습니다.

가공 제품도 아이들이 논의했고, 어린이자치회 회의를 통해 아로니아 잼 브랜드를 만들기로 했습니다. 학생들의 투표 결과 잼의 브랜드는 '연아로아 잼'으로 최종 결정되었습니다. 수익금은 학교회계로 전입되었으며, 일부는 경제 교육을 목적으로 학생들에게 지급되었습니다.

강원도에서는 2017년 11월 4일에 지역의 학교협동조합 학생들이 만든 물품들을 모아 장터를 열기도 했습니다. 이름하여 '도깨비 장터'. 학생들이 도깨비방망이처럼 뚝딱뚝딱 만든 제품들이 전시·판매되었습니다. 농산물, 농가공품, 수공예품 등 제품도 다양했습니다.

학교협동조합은 단순한 매점 사업이 아닌 학생들이 중심이 되는 대안경제 활동, 민주시민교육, 생생한 경제 체험의 장, 지역과 학교가 교류하는 마을 통합 교육의 장입니다. 사업 모델도 다양해지고 있으며, 학생들을 위한 배움터로서 지역에 따라 각기 다른 모델로 발전해가고 있습니다.

07

학생들을 위한
이념화 교육은 아닌가요?

여기까지 들으면 '뭔가 참 좋은 것 같은데'라는 생각을 하면서도 '협동'이란 단어가 못내 걸리는 분들도 있을 겁니다. 대부분 학교의 교훈에는 '협동'이 들어가 있는데도 협동조합은 왠지 낡은 느낌에 이념적인 단어로 다가오기 때문입니다.

하지만 협동조합은 미래 교육과 맞닿아 있다고 생각합니다. 알파고와 인공지능은 산업뿐 아니라 교육의 방향까지 바꾸어나가고 있습니다. 2016년 1월 스위스 다보스에서 열린 '2016 세계경제포럼'의 주제는 '제4차 산업혁명'이었습니다. 미래 직업에 대한 전망과 동시에 교육을 위한 새로운 비전을 놓고 심도 깊은 논의가 이루어졌습니다.

이 포럼에서 발표한 내용을 보면, 현재 초등학교에 재학 중인 아이들의 65퍼센트가 현재 존재하지 않는 새로운 형태의 직업을 갖게 될 전망입니다. 단순하고 반복적인 육체노동 관련 기술, 단순 지식을 기반으로 인지적 기술을 요구하는 직업은 대폭 줄어들고, 틀에 얽매이지 않는 분석적 기술과 대인관계 기술을 요구하는 직업은 이미 상대적으로 증가하고 있습니다. 그래서 2016 세계경제포럼에서는 '21세기 기술'이라는 이름 아래 16가지 핵심 기술을 제안했습니다. 문해와 수해 능력과 같은 '기초 기술'도 있지만 협력·창의성·문제해결력 같은 '역량', 일관성·호기심·주도성과 같은 '인성'도 중요하게 요구되는 기술입니다.

그렇습니다. 다른 사람들과 협력해서 창의적으로 문제를 해결하는 역량, 그리고 이러한 과정에서 일관되며 호기심을 유지하고 주도할 수 있는 인성이 미래 사회에 필요한 기술인 것이죠. 바로 협동조합에서 중요하다고 말하는 부분이며, 협동조합을 통해 익혀갈 수 있는 것들입니다.

서울시 교육청의 교육연구정보원에서 발행하는 《서울교육》에서도 비슷한 맥락의 이야기가 실려 있습니다. 2016년 가을호 특별 기획의 주제는 '미래 교육'이었습니다. 교육혁신과의 김윤경 장학관은 〈서울특별시 교육청의 미래 교육 방향〉이라는 글에서 "미래 사회가 요구하는 핵심 역량(창의성, 문제해결력, 협업 능력, 도전 정신)을 가진 인재를 육성하기 위해 미래 학교 수업 프런티어 교사단을 중심으로 디지털 기술을 활용하여 학생의 활발한 수업 참여, 상호작용, 협력적 학습이 가능한 수업 모델을 개발하고, 과정 평가 중심으로 평가 방법을 개선하고, 학생들의 학습활동을 분석하여 맞춤형 개별화 학습을 실현하고, 미래 학습 공간을 창출하는 서울의 미래 학교"라는 상을 제시하고 있습니다.

이러한 미래 교육, 미래 교실에서 교사의 역할은 무엇일까요? 같은 호에 실린 초등교육지원과 김희경 장학사의 〈서울의 미래교육, 미래 교실〉이란 글에서는 교사는 단순 지식 전달이 아닌 통합적인 경험을 제공해주는 것이 필요하다고 합니다.

전 세계적으로도 비슷한 맥락의 이야기들이 진행되고 있습니다.

'교육을 바꾸는 사람들'의 이찬승 대표가 소개하는 외국의 미래 학교상을 살펴보겠습니다. 벨기에의 '학습 및 재설계를 위한 연구실(learning and redesign lab)'이 소개하는 2030년의 미래 학교는 '학습 공원(learning park)'이나 '학습 마을(learning village)'이란 용어가 더 어울릴 것이라고 합니다. 연령에 관계없이 다양한 배경을 가진 사람들이 만나 '서로로부터' 배우는 장소가 될 것이기 때문입니다. 그리고 무학년제일 뿐 아니라 교사는 역할만 달라지는 것이 아니고 팀으로 기능하게 될 것이라고 예측하고 있습니다. 학교 안에 '아카데미(academy)'라고 부르는 작은 학교가 있고, 다시 작은 학교 안에 소규모(15~20명) 학습 공동체인 '학습 가족(learning family)'이 있습니다. 따라서 미래 학교의 운영 방식은 "매우 민주적이며 협동조합과 흡사할 것"이라고 이 연구는 이야기합니다.

어떠세요? 협동조합이 결코 고리타분하거나 특정한 이념에 경도되지 않고 미래 사회를 개척해가는, 중요한 교육의 장으로서 다가오지 않나요?

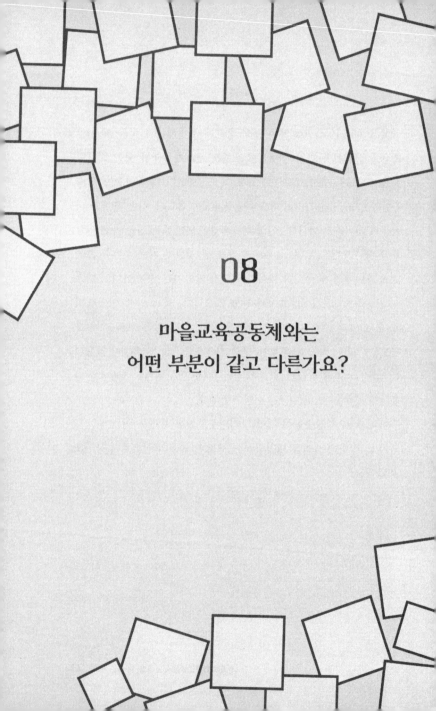

08

마을교육공동체와는
어떤 부분이 같고 다른가요?

학교협동조합을 말하면서 사회적 경제와 함께 마을교육공동체를 이야기합니다. 사회적 경제라는 표현은 경제가 부(富, wealth)의 축적이 아니라 더 넓은 차원의 인간사회의 필요에 복무하기 위한 것임을 강조하기 위해 사상가들이 사용했던 표현입니다. 즉 나의 돈벌이라는 좁은 목적이 아니라 나와 공동체의 필요를 충족시킨다는 넓은 목적을 위한 활동이라는 것이죠.

　마을교육공동체는 공동체를 경제적 측면만이 아니라 교육적 측면에서 이해한 개념입니다. 지역으로 연결된 공동체에서 구성원들의 교육적 성장이 매우 중요하다는 것을 강조한 개념이지요. 서울시, 경기도, 강원도 등 전국의 여러 교육청과 지자체에서 '마을결합형 학교'(서울시 교육청) 혹은 '마을교육공동체'(경기도 교육청), '로컬에듀'(완주 교육지원청) 등 다양한 이름으로 진행되고 있지만 같은 맥락입니다.

　학교와 마을이 공동체로 만나야 하는 이유는 무엇일까요? 먼저 지금의 우리 사회가 겪는 문제를 사회와 학교가 함께 머리를 맞대고 고민하지 않고서는 해결하기가 어렵기 때문입니다. "한 아이를 키우려면 온 마을이 필요하다."라는 아프리카 속담처럼 마을이 함께 협력하지 않고서는 학교에서만의 교육으로 한 아이의 온전한 성장을 뒷받침하기 힘들기 때문이죠. 가정, 지역, 학교 모두가 학생들의 삶에 중요한 의미를 지니는 생활공간입니다. 따라서 아이들이 완성된

인격으로 행복한 삶을 살아갈 수 있는 힘을 얻으려면 마을과 학교의 협업이 반드시 필요합니다. 이 셋 중 어느 하나가 건강하지 못하다면 학생들의 삶도 건강할 수 없습니다.

또한 학교교육은 한정된 장소와 교과서에 묶이지 않고 지역사회와 연계되고 확장될수록 보다 큰 통합성을 획득할 수 있습니다. 아이들이 자신이 사는 지역과 사회 속에서 삶을 성찰하고 계획할 수 있는 능력을 키우도록 해주는 것이 교육의 중요한 목적이기 때문입니다. 아이들은 지역과 사회에서 다른 사람들과 소통하고 이해하며 삶을 더욱 확장해 함께 살아가는 방법을 배워가야 합니다. 마을을 기반으로 삶을 가꾸는 교육이 이루어진다면 학생들도 마을을 잘 이해하게 되고 그 안에서 성장할 수 있습니다.

그럼에도 지금껏 가정, 마을, 학교 3자의 상호 협력과 교류는 부진한 편이었습니다. 그래서 이러한 연결을 공동체를 통해서 하자고 이야기하고 있습니다. 이미 경제 공동체로서 사람들을 묶어주었던 협동조합이 교육 공동체로서도 기능하는 순간입니다. 사실 이는 낯선 것이 아닙니다. 일찍이 스페인 몬드라곤 협동조합을 설립한 호세 마리아 신부는 협동조합을 '경제적 수단을 활용한 교육운동'이라고 칭하기도 했습니다. 협동조합의 7원칙 중 '교육, 훈련 및 정보 제공'이 포함된 것도 같은 맥락이고요.

무엇보다도 협동조합은 민주적인 공동체이기도 합니다. 마을교육

공동체를 만들어가는 것이 근대화 이전의 신분 중심 공동체는 아닐 것입니다. 우리가 새롭게 꿈꾸고자 하는 마을 공동체는 주민 누구도 배제되지 않는 민주적 공동체, 협동조합적 공동체일 것입니다. 학교협동조합이 학교와 마을을 연계해 협력적 교육을 함께 만들며 민주적인 공론의 장으로 만들어가는 역할을 할 수 있습니다.

끝으로 학교협동조합을 통해 지속가능성의 문제를 풀어갈 수 있습니다. 지자체, 교육청, 정부의 지원이 있더라도 이는 활동의 마중물일 뿐입니다. 펌프에서 물이 나오지 않을 때 물을 끌어 올리기 위해 위에서 붓는 물인 마중물처럼 공공의 지원은 시작점이지, 계속되기 어려운 경우가 많습니다. 그렇다고 마을 주민의 봉사로만 이어질 수도 없습니다. 학교협동조합은 교육 공동체를 바탕으로 하면서도 이를 지속가능한 경제활동으로 만들어가는 교육 경제 공동체입니다. 공공자원과 봉사만이 아닌 학교 안의 사업 활동을 통해 지속가능성을 확보해갑니다. 그리고 이는 보다 많은 사람을 참여하게 하는 유인책이 될 수 있습니다. 사람들의 마음을 움직이려면 눈에 보이고 직접 경험할 수 있는 사업이 필요하기 때문입니다. 학교협동조합을 통해 공동의 사업을 펼치며 협동의 경험을 쌓으면, 마을과 학교는 점차 바뀌어갈 수 있습니다.

지역사회는 학교협동조합의 성장에 큰 영향을 미치는 훌륭한 텃밭이자, 학생들의 교육적 경험을 확장하고 적용해볼 수 있는 교육의

공간이 될 수 있습니다. 또한 마을 주민 역시 일과 삶, 교육의 공간
이 일치하면 삶이 더욱 풍요로워질 수 있습니다. 학교협동조합은 그
간 부자연스럽게 분절되어 있던 다양한 공간들을 연결하며 새로운
공공의 공간을 만들어낼 수 있습니다.

2장

학생들은
이런 것들이 궁금해요

01

학교협동조합이 생기면
하고 싶은 것을 다 할 수 있나요?

"협동조합 매점이 생겨서 학생들이 마음껏 자신들이 먹고 싶은 걸 진열해놓았어요. 우리 학교에도 빨리 만들고 싶어요. 정말 마음대로 할 수 있나요?"라고 질문하는 학생들이 있습니다. 학교협동조합이 생기면 학생들이 하고 싶은 것을 다 할 수 있느냐는 질문이겠죠.

하지만 학교협동조합은 무슨 소원이든 들어주는 도깨비방망이가 아닙니다. 협동조합의 기본정신은 자조(自助, self-help)입니다. 외부에 기대는 것이 아니라, 스스로 돕는다는 뜻이죠. 물론 학생들만으로 힘든 부분이 있을 거예요. 그래서 학교협동조합은 학생, 교사, 학부모, 지역 주민이 함께 만들어갑니다. 학생들이 모든 사업을 다 하는 것은 아니지만, 그렇다고 학생들은 무조건 바라는 것만 이야기하고 교사, 학부모, 지역 주민들이 대신해주는 것은 아니에요.

학생들이 무엇을 할 수 있냐고요? 그렇지 않습니다. 오히려 학생들이기에 더 잘 알고, 어른들보다 더 잘할 수 있는 일도 많아요. 학교생활의 문제점과 그 원인을 더 잘 파악하고 이를 해결하기 위한 방안을 더 잘 도출하기도 하니까요.

학교에 협동조합이 생기고 조합원으로 가입하면 여러분은 그 협동조합의 주인이 되는 겁니다. 손님이 아니죠. 다만, 주인은 주인이되 우리 모두 주인이라는 것입니다. 그런데 주인이라고 해서 원하는 대로 모든 것을 다 할 수 있는 것은 아니에요. 내 사업을 한다고 해서 내 마음대로 할 수 없는 것과 같죠. 여러 가지 조건들을 생각해야 하고요.

여러분이 가장 먼저 해야 할 것은 학교 구성원이 '하고 싶은 것'은 무엇인지 모아보는 것입니다. 그러기 위해서는 먼저 내가 하고 싶은 것이 있어야 합니다. 다소 허무맹랑하고 사소해 보여도 상관없습니다. 협동조합의 출발은 나의 필요와 욕구이기 때문입니다. 이 때문에 '월드카페' 형태의 카드 토론으로 워크숍 게임을 자주 하는데, 이는 맞고 틀림이 없이 서로의 생각을 적어서 모아보는 방식입니다. 실현 가능성에 지나치게 얽매이지 않고 일단은 생각을 모으는 것이죠.

이러한 생각들 중에 책임성 있게 집행될 수 있는 사업들을 하나씩 실천하다 보면 크고 작은 변화들이 생길 수 있습니다. 한 예로 매점과 관련해 얼마나 다양한 요구가 있었는지를 이야기 나눈 적이 있습니다. 야간자율학습(일명 야자)이 끝난 뒤 갑작스레 비가 오는 경우도 있으니, 야자가 끝난 후에도 우산이나 우비 등을 구매할 수 있게 하자는 의견, 쉬는 시간에 학생들이 많이 몰릴 것을 예상해 미리 이름과 필요한 물건을 적어두는 예약제를 하자는 의견도 있었습니다. 또한 매점에서 신나는 노래를 듣고 싶다는 의견도 있었죠.

우리가 하고 싶은 일뿐 아니라 다른 사람들의 처지를 고려해야 하는 부분도 있습니다. 예컨대 매점에 반입되는 물품과 관련해 유해·불량식품, 혹은 착취적 노동환경에서 생산된 상품 등이 가지는 교육적 유해성 등을 고려해야 합니다.

물론 협동조합을 한다고 처음부터 공동의 목표를 너무 거창하게 지정하면 진행이 어려워질 수밖에 없습니다. 이 경우, 그다지 절실하지 않았던 일을 꾸역꾸역하게 되는 경우가 발생하죠. 이를 애빌린 패러독스(Abilene Paradox)라고 하는데, 구성원들이 의사를 명확히 밝히지 않은 채 최초의 제안자 의견에 따름으로써 결국 원하지 않는 일을 하게 되는 경우를 의미합니다.

　협동조합은 혼자 하기가 힘들어서 여럿이 같이하지만, 많은 사람이 함께할 때 가장 중요한 첫 출발은 자신이 하고 싶은 일을 하는 것입니다. 그리고 이러한 일을 혼자서는 하기가 힘들기에 여러 친구와 함께 힘을 모아 시도해보는 것이고요.

02

학생도 조합원이나
임원이 될 수 있나요?

그럼요. 미성년자도 일정한 조건에서 조합원으로 가입하고 임원으로도 선출될 수 있습니다. 다만 몇 가지 전제가 있습니다. 먼저 미성년자가 협동조합에 조합원으로 가입하거나 임원이 되면 책임과 의무를 지게 됩니다. 이 경우, 우리나라 민법에서는 18세 이하의 미성년자가 법률 행위에 따라 책임과 의무를 지게 될 때 법정대리인의 동의를 받도록 하고 있습니다. 법정대리인은 부모가 되는 경우가 많고요.

임원의 경우에도 일정한 의무를 부과 받는 만큼 법정대리인의 동의를 받도록 하고 있습니다. 따라서 구체적으로는 다음과 같은 서류들이 필요합니다. 조합원 가입 신청서와 동의서, 임원 취임 승낙서와 동의서를 한 장에 함께 받는 편입니다.

조합원 가입	임원 등기

1. 조합원 가입 신청서
2. 조합원 가입에 관한 법정대리인 동의서
	1. 임원 취임 승낙서
	2. 임원 취임에 관한 법정대리인 동의서
	3. 법정대리인의 인감증명서
	4. 미성년자의 주민등록등(초)본
	  (만 15세 이상 발급 가능)
	5. 가족관계증명서, 또는 친권자를 확인
	  할 수 있는 기본 증명서 제출

출처: 서울시협동조합지원센터

다만 학생 임원의 경우 등기를 할 때 법정대리인의 인감증명서까지 필요로 해서 비등기 임원으로 하는 경우도 종종 있습니다. 이 경우에도 조합원들끼리 협의하여 임원으로서의 권리와 의무를 부과할 수 있죠. 물론 학교 협동조합의 경우 미성년자 임원들이 점점 많아지는 만큼 이 부분에서는 보다 제도를 간소화하는 노력이 필요하고요.

학생 임원의 역할과 관련해서는 교육·홍보분과위원회 등의 대표로서 활동하거나 학부모, 교사들과 함께 이사로서 학교협동조합의 중요 사항을 결정하는 역할을 하기도 합니다. 참고로 다음 표는 독산고등학교에서 총회를 하면서 학생들에게 학생 임원의 덕목에 대해 설문하고 이를 정리한 내용입니다.

1학년 순위별 의견	2학년 순위별 의견
책임감 도전 정신 적극성, 리더십 카리스마, 신뢰	솔선수범 말솜씨, 발표력 성격 특권 의식을 가지지 않음 언행일치, 긍정적 마인드

출처: 독산고등학교 2016 총회 자료집

독산고의 사례처럼 조합원과 임원으로서 어떠한 역할과 덕목이 필요한지 서로 이야기를 나누는 것도 중요합니다. 자리가 있으니 무조건 뽑아야지 하는 게 아니라, 왜 이러한 역할이 필요한지 고민하는 과정을 거치는 것이죠. 이를 바탕으로 다음처럼 최소한의 자격과 역할을 정해놓을 것을 권해드립니다.

> • 학생 조합원이 되기 위해 필요한 최소한의 자격은 무엇일까?
>
> (예: 협동조합 교육 이수)
>
> • 학생 조합원으로서 최소한의 역할은 무엇일까?
>
> (예: 총회 참석 및 조합원의 날 참석)
>
> • 학생 이사로서 최소한의 자격은 무엇일까?
>
> (예: 1년간 조합원으로서 성실한 활동)
>
> • 학생 이사로서 최소한의 역할은 무엇일까?
>
> (예: 이사회 참석 및 학생 의견 수렴)

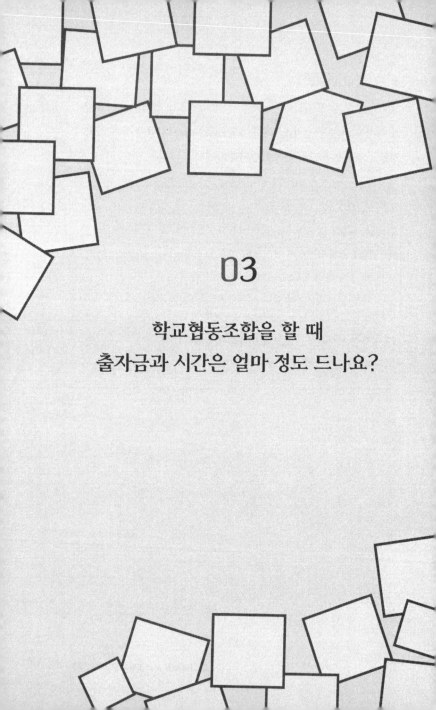

03

학교협동조합을 할 때
출자금과 시간은 얼마 정도 드나요?

학교협동조합이 어떤 사업을 하느냐에 따라 출자금은 달라질 수 있습니다. 1억 원의 자본이 필요한 사업이고, 조합원이 10명이라면 평균 1000만 원씩 출자해야 하겠죠. 앞서 이야기했듯이 협동조합은 조합원들의 출자금을 모아야 사업을 할 수 있으니까요.

다만 보통의 학교협동조합은 이렇게 많은 돈을 출자하지 않습니다. 경기도 지역의 학교협동조합을 예로 들면, 2016년 각 학교협동조합들이 경영정보를 공시한 자료를 봤을 때 출자금 규모는 50만 원부터 약 1600만 원까지 다양하게 분포되어 있습니다. 평균 481만 원으로 나오고요. 참고로 기재부에서 2년마다 협동조합 실태 조사를 하는데 〈2015년 협동조합 실태 조사〉에 따르면 일반협동조합의 평균 출자금은 4069만 원이며, 사회적협동조합의 평균 총 출자금은 6034만 원으로 나타납니다. 학교협동조합이 비교적 출자금이 적은 편이죠? 매점의 경우, 학교 시설을 이용하며 시설 사용료를 내는 등 최소한의 자본으로 시작하는 경우가 많기에 다른 협동조합에 비해 상대적으로 출자금이 낮은 편입니다.

특히 학생 조합원의 경우는 보통 3000원에서 1만 원 사이에 출자금을 내고 있습니다. 금전적으로는 큰 부담이 되지 않죠?

오히려 학교생활을 하면서 협동조합 활동을 병행해야 하기에 충분한 시간을 낼 수 있을지에 대한 판단이 필요합니다. 경기도 교육청의 《교육협동조합 운영 매뉴얼》에 나온 조합 내 학생위원회 활동의 모습을 살펴볼게요.

> 학생들은 '매점 운영에 대한 분과위원회', '교육문화홍보위
> 원회' 등을 조직했고, 매점 판매 품목, 매점 운영 방식, 인테리
> 어 방향 등에 대한 의견을 모으고, 조합원 대상 시식회, 매점
> 이름 공모 등을 진행했다. 예를 들어 매점 운영에 대해 분과위
> 원회에서는 벤치마킹을 위해 팀을 나누어서 지역 생협, 대학
> 생협, 대안학교의 매점을 다녀왔고, ○○시의 고등학교를 조사
> 했다. 교육문화팀은 자체적으로 '세계 협동조합, 한국의 협동
> 조합, ○○시의 협동조합'이라는 주제로 세미나를 진행했다. 홍
> 보팀은 교육과정을 UCC로 만들어서 매장 오픈 기념식 때 상
> 영하기도 했다.
>
> _경기도 교육청, 《교육협동조합 운영 매뉴얼》, 2016

어떠세요? 학교협동조합으로 매점 운영을 준비하면서 하는 활동
들만 해도 생각보다 다양하죠? 매점 오픈 전의 특수한 경우여서 여
러 일이 동시에 진행되기도 하지만 보통 학교협동조합에 적극적으
로 참여하는 운영위원, 임원들의 경우 월 1~2회 모여서 협동조합의
중요한 일을 논의하고 다양한 활동을 해나갑니다.

따라서 학교협동조합 활동은 책임감 없이 쉽게 할 수 있는 일은

아닙니다. 조합원은 권리와 동시에 의무를 가지기 때문이죠. 앞서 살펴봤듯이 학교협동조합은 구성원들의 요구를 대행하는 소원 성취 조직이 결코 아닙니다. 결국 학교협동조합의 시작점은 공동의 목표를 위해 자발적으로 공을 들여야 할 부분은 어딘지, 조합원의 자격은 무엇인지를 스스로 생각해보는 것입니다.

 사실 어느 범위까지를 조합원으로 할지, 조합원의 권리와 의무는 어디까지인지, 정해진 답은 없습니다. 각각의 조합이 처한 구체적인 상황에 따라 달라지기 때문입니다. 학생들이 충분히 할 수 있는 일인지, 적절한 시간과 노력을 요구하는 것인지를 함께 이야기해보는 것이 필요합니다. 이러한 내용을 공유한 후 조합에 가입하는 이들에게 충분히 설명해주며 책임감 있게 선택할 수 있도록 하고요.

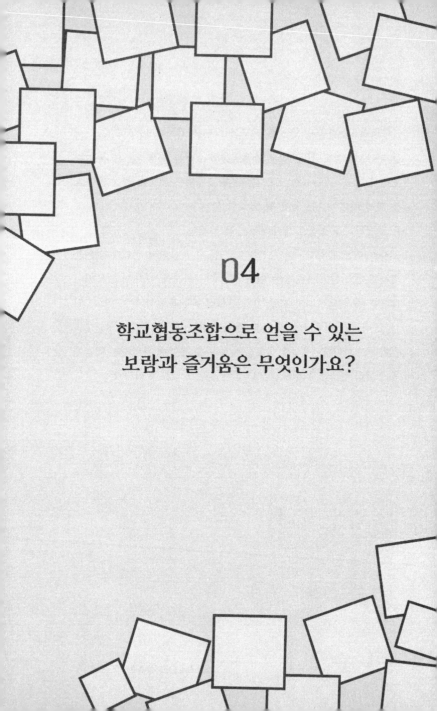

04

학교협동조합으로 얻을 수 있는
보람과 즐거움은 무엇인가요?

가끔 학생들이 "마냥 즐겁고 신나는 일인 줄 알았는데 이야기를 듣고 보니 하기 싫은 일 같은데요. 학교협동조합을 열심히 하는 학생들은 어떤 이유에서 하나요?"라는 질문을 던지기도 합니다. 사실 학생들이 학교협동조합 활동을 한다는 게 마냥 쉽고 즐거운 일만은 아닙니다. 학생들이 사업을 운영한다는 것은 결코 쉽지 않은 일이고요.

온전히 학생들의 노력으로 운영되고 있는 부산국제중·고등학교 협동조합 매점의 경우, 설립 이후 1년간의 활동은 보람은 넘치지만 그야말로 힘겨운 가시밭길이었다고 윤리적 소비 공모전에서 이야기했습니다. 외부인이 조합을 지켜주는 것이 아닌 만큼 점심시간마다 시간을 쪼개 일했고, 조합에서 일하는 학생들을 바라보는 눈초리도 따가웠고요. 초창기에는 '학교에서 머리에 피도 안 마른 녀석들이 조합을 운영하다니, 그 시간에 공부나 더해 성적이나 올리지.' 하고 생각하는 교사들도 있을 거란 생각이 들었다고 해요.

이런 상황을 견디게 해준 것은 학생들이 협동조합을 통해 조금이나마 자신의 필요를 충족시킬 수 있다는 기쁨이었습니다. 이러한 과정을 겪으며 학생들은 힘겨워하기도 했지만, 직간접적으로 많은 것을 체득해갑니다. 같은 주제로 이야기를 나눠도 학교협동조합을 경험한 학생과 그렇지 않은 학생들의 사고방식과 체험의 결이 분명 다릅니다. 이처럼 학교협동조합은 그 자체로 훌륭한 'Learning by doing' 학습법이죠.

사실 학생들이 학교협동조합을 통해 얻는 교육적 경험은 학교마다, 개인마다 다양할 수밖에 없습니다. 학교협동조합을 경험한 9명학생들의 이야기를 담은 《I love 학교협동조합》(박선하 외, 맘에드림, 2017) 속 이야기를 살펴보겠습니다.

이 책에서 학생들은 학교협동조합으로 삶을 배웠다고 이야기하고 있습니다. 학생들 역시 여러 가지 삶의 고민이 있습니다. "나는 어떤 사람일까? 어떤 사람이 되고 싶었을까? 사춘기로 인한 방황"을 말하는 친구도 있고, "처음으로 무언가를 스스로 해보고 싶었지만, 그 '무언가'를 찾지 못한 채" 지내기도 한다고 이야기합니다. 중학교에 올라간 친구는 "초등학교에서는 생각지도 못한 '경쟁'이 있었고, 다른 많은 이유가 있었겠지만 학기 초에는 이리저리 많이 치이기도 하고 그래서 사람들 시선도 신경 쓰게 되고 더 주눅" 들게 된 경험을 털어놓기도 합니다.

그리고 학교협동조합을 경험하고 크고 작은 변화들을 겪으며 성장했다고 고백합니다. 학생들이 학교협동조합을 통해 경험하는 성장은 무엇일까요? "우리 학교 매점의 이름인 '한입두입'을 짓기 위해 공모전을 열었고 매점에서 취급할 문구류를 선정하기 위해 동아리 시간에 알파문구 본사에 찾아가기도 했었다."고 하며, "특히 학교협동조합은 일반 매점과 다르게 매니저 한 분으로 매점 운영에 한계가 있을 때 학생 도우미를 고용해 일자리를 창출하는데, 학생은 실제로

급여를 받으면서 일하기 때문에 학교 내에서 근로 현장을 체험할 수도 있다."고 합니다.

집에서 심부름이라도 시키면 공부할 시간을 뺏길까 봐 아무것도 시키지 않았는데 학교에서 학생들의 본분인 공부는 안 하고 학교 안의 잡다한 일을 하는 것 같다고 생각할 수도 있습니다. 학교협동조합은 학생들에게 불필요한 일을 시키는 곳인가란 생각이 들 수도 있습니다.

그렇지만 학교협동조합을 경험한 학생들은 말합니다. '공부하는 것보다 활동하는 것을 더 좋아하는 고등학생'이었다고. "모든 것은 우리에 의해 결정되고 이루어졌다. 조금씩 아주 조금씩 우리가 살고 있는 이 작은 세상은 말 그대로 '바뀌어'가고 있었다."라며 학교협동조합 활동을 자기 주도적인 문제해결 능력을 습득하는 과정이었다고 의미를 부여합니다.

특히나 이 활동은 누가 시켜서 하는 것이 아니라 힘들면서도 스스로 재미있어서 하는 활동입니다. "먼 미래를 상상하는 게 아니라 실제로 만들 매점을 기획해보는 경험은 학교에서 배운 내용을 현실에 담아내는, 내게는 색다른 시간이 되었다."라는 말 속에 그 비결이 나옵니다. 학생들은 미래의 주역만이 아니라 지금 여기에서 주역으로 살아가고 있기 때문입니다. 지금 여기에서 경험하는 다양한 주체적인 활동 속에서 미래 사회에 필요한 '역량'과 '인성'을 습득하게 됩니다.

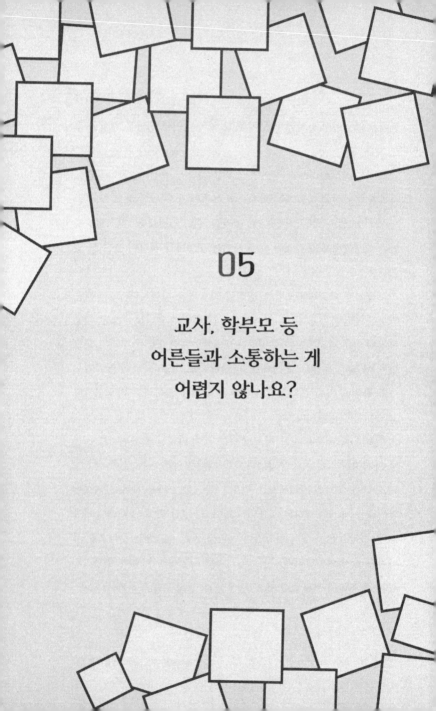

05

교사, 학부모 등
어른들과 소통하는 게
어렵지 않나요?

아무래도 미성년자인 학생들이 교사, 학부모와 대등한 입장에서 논의한다는 게 쉽지 않을 수도 있습니다. 괜히 의견을 내놓았다가 혼이 나지는 않을까, 틀린 답을 말했다고 핀잔을 하지는 않을까 두려워할 수도 있습니다.

사실 학생들도 처음에는 좀처럼 자신의 의사를 표현하지 않고 주체적인 사고에도 익숙하지 않습니다. 하지만 시간이 쌓이고 학교협동조합을 경험하면서, 논리적인 사고와 협업에 익숙해지며 성과를 내기 시작합니다.

생각해보면 예전 시대에는 아이들 역시 부모님과 주변 이웃의 삶의 현장을 가까이에서 보고 때로는 참여하며 경제와 사회를 익혔습니다. 반면 요즘 청소년은 하루의 대부분을 학교에서 보내는 만큼 경제와 사회 교육이 삶의 현장과 분리된 채 교과서 위주로 이루어질 가능성이 큽니다. 학교협동조합은 이러한 삶과 교육의 분리를 다시금 통합하는 역할을 합니다.

학생들이 직접 물건을 검수하고, 관리하고, 회의를 통해 문제를 해결합니다. 학부모, 교사와 함께 소통하는 방법도 익히고요.

어떤 경우에는 어른들보다 학생들이 훨씬 실리적으로 문제를 해결하기도 합니다. 한 예로, 학교협동조합 매점 공사를 앞두고 있었던 학교에서 매점 운영 방식을 오픈형으로 할지 주문형으로 할지에 대해 의견 대립이 있었습니다. 학생들이 매점 안에서 물건을 직접

고를 수 있는 오픈형으로 할 경우 도난 위험은 있지만, 학생들 입장에서는 편리하고 학생들에 대한 신뢰를 보여주는 일이므로 보다 가치가 높다는 외부 전문가의 의견도 강했습니다.

그렇게 어른 이사들의 논쟁이 벌어질 때, 매점운영위원회에 속해 있던 1학년 학생 이사가 보다 실질적인 의견을 합리적인 근거와 사례를 통해 제시했습니다. 다른 고등학교 매점 운영 결과에 대한 온라인 조사 결과를 살핀 후, 점심시간에는 평균 40명 정도씩 학생들이 몰리고, 이 학생들이 좁은 오픈형 공간에 한꺼번에 진입하면 실제적으로 물건 고르기가 더 힘들어지니 주문형이 좋겠다는 의견을 밝힌 것이죠. 이후 교장 선생님을 비롯한 선생님들의 생각도 바뀌기 시작했고, 매점 형식을 주문형으로 최종 결정했습니다.

이처럼 학생들은 실제적인 문제 상황을 어떻게 해결해야 하는지를 학교협동조합을 통해 배웁니다. 학생들도 할 수 있는 만큼 자신의 목소리를 낼 수 있습니다.

사실 학생들이 교사, 학부모 어른들과 자유롭게 소통하는 것에 대한 막연한 두려움만큼 어른들 역시 두려움을 갖고 있답니다. 어른이라고 해서 모든 것을 다 아는 것이 아니며 완벽하지 않기에 실수하기도 합니다. 더불어 상대방의 말 한마디에 쉽게 상처를 받기도 하고요. 그래서 어느 학생 이사는 "학생, 학부모, 교사라는 구분에 앞서 사람 간의 소통에 필요한 방법을 터득해간 시간이었다."고 말하기도 합니다. 나이가 많기에 경험이 조금 더 많고, 조금 더 책임질 수는 있지만, 학교협동조합과 그 안에서 벌어지는 많은 일이 생소한 것은 모두 마찬가지이니까요. 그래서 서로가 솔직하게 다가가되 상대방을 배려하는 마음으로 소통하는 방법을 익혀야 합니다.

06

사업이나 경영을
전혀 모르는데 할 수 있을까요?

학교협동조합을 하는 학생들이 모두 사업과 경영에 능숙한 것만은 아니에요. 그럴 필요도 없고요. 학교협동조합은 단순한 사업체가 아니기 때문이죠. 특히나 생각이 다른 여러 사람이 함께 일을 하려면 다양한 역할이 필요합니다.

따라서 앞에서 홍보하는 쇼맨십도 중요하지만, 깐깐하게 사업을 챙기는 꼼꼼함도 중요합니다. 만화를 잘 그리는 친구는 인테리어를 할 수 있고, 커피 동아리 친구는 이벤트 판매를 기획할 수 있고요.

이처럼 협동조합에는 다양한 인물이 필요합니다. 저마다 다른 자원들을 존중하고, 시너지를 발휘할 방법을 모색하는 과정이기도 합니다. 그러니 좋은 협동조합 학생 임원은 조합원들의 소소한 차이를 협동조합의 자원으로 쓰일 수 있게 알아보는 눈을 가진 사람입니다.

또한 사업이라고 하더라도 경영, 경제 이론에 박식해야 한다고만 볼 수는 없습니다. 딱딱한 지식과 이론에 대한 학습보다는 먼저 내 주변의 불편한 문제에 관심을 갖고 그것을 해결하기 위해 다양한 방식으로 시도해보는 활동이기 때문이죠.

예를 들어 부산국제중·고등학교 협동조합 매점의 경우, 일반 학교협동조합 매점과는 다른 품목이 여러 개 있는데요. 가장 눈에 띄는 것은 교복입니다. 졸업하면서 버려지는 교복을 일괄 수거해 지역의 세탁 업체와 협의 하에 세탁한 후 학생들에게 다시 판매하는 방식이죠. 분실하거나 사이즈가 달라져서 새 교복이 필요할 때 학교협동조합 매점을 통해 쉽게 구매할 수 있는 셈입니다. 학생들의 불편함을 지나치지 않고 사업적으로 해결해갈 수 있는 방안을 찾아낸 덕분입니다.

나아가 학생들 스스로 아이디어 상품을 만들어 조합 매점을 통해 다른 학생들에게 선보이고 판매하기도 합니다. 재치 있는 아이디어 상품인 발 냄새 제거제와 학교 생활 맞춤용 포스트잇 등이 이러한 방식으로 개발되어 조합 매점을 통해 유통되고 있습니다.

이렇듯 학생들만의 시선으로 풀어가는 경제활동은 꼭 학교협동조합만이 아니라 다양한 곳에서 실천되고 있습니다. 삼성의 사회 공헌 프로젝트로인 '투모로우솔루션 경진대회'에서는 중학생들이 식판에 무지개 형태로 선을 그어, 개인별 정량의 밥과 반찬을 담을 수 있도록 아이디어를 내어 잔반 없는 한 끼를 제안했습니다. 부여여자고등학교의 경우, 학생들이 '스트리트 아트'라는 공공미술 프로젝트를 진행하며 학교 주변 지역에 6개, 교내에 36개의 미술작품을 제작, 설치하고 40개의 UCC 동영상을 만들기도 했습니다. 그런가 하면 경기 이천의 양정여자고등학교에서는 학생들 스스로 소상공인 살리기 프로젝트를 기획·진행해 학교 주변의 분식점 문제를 해결하기도 했습니다.

이러한 활동에서 가장 중요한 것은 내 주변의 문제에 대한 '관심'입니다. 나만이 느끼는 불편함이 아닌 여러 사람이 느끼는 불편함을 어떻게 잘 풀어갈 수 있을까를 고민하는 호기심, 공감, 협업의 능력이 가장 중요합니다. 구체적인 사업 방법, 경영과 경제에 대한 지식과 관련 전문가들의 도움은 그다음에 필요합니다. 어떤가요? 듣고 나니 좀 더 자신감이 생기지 않나요?

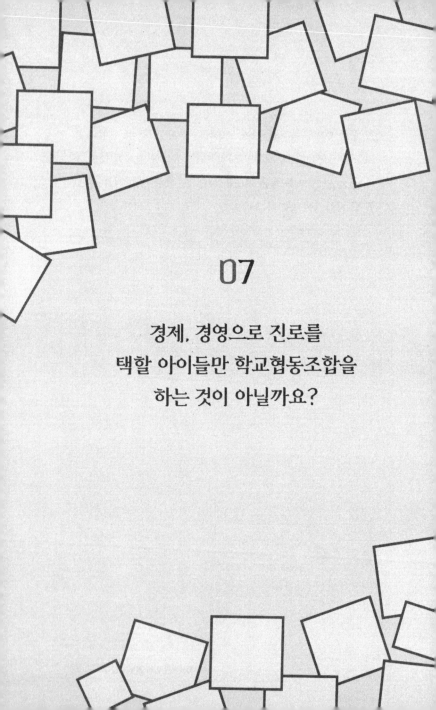

07

경제, 경영으로 진로를
택할 아이들만 학교협동조합을
하는 것이 아닐까요?

사업이나 경영을 모르더라도 학교협동조합을 하는 친구들은 경제, 경영 혹은 창업을 꿈꾸는 이들이 아닐까라는 질문을 받는 경우가 많습니다. 실제 다음에 소개할 경기도 안산 신길고등학교의 학교협동조합 학생 이사처럼 사업에 관심이 있어 학교협동조합에서 지식과 경험을 쌓는 경우도 많습니다. 아래는 그 이야기가 실린 기사 내용 중 일부입니다.

> 신길쿱 학생 이사 권오현 군의 꿈은 창업이다. 학교협동조합을 시작한 계기도 나중에 자기 사업을 할 때 도움이 될 것 같아서다. 입학하자마자 '신길쿱'에 가입하고, 바로 이사 후보로 출마해 학생 이사가 되었다. 벌써 1년 6개월째다. 그에게 학교협동조합은 '경제를 배우는 곳'이다. 매점에서 물건을 사고팔고, 또래 친구들을 고객으로 맞으면서 자연스럽게 경제를 익히고 있다. "친구들이 원하는 물건이 있으면 조사해서 매점에 입고시키곤 해요. 얼마 전에는 용량이 큰 음료수가 있으면 좋겠다고 해서 새 제품으로 교체했어요. 학교협동조합을 통해 수요 조사, 시장 파악을 배우고 있죠."
>
> _《시사IN》, 2017. 8. 24

하지만 앞서 살펴봤듯이 학교협동조합에서는 다양한 활동이 이뤄지고 있습니다. 교육, 홍보, 회의 진행 등 각자의 관심사에 따라 다른 활동을 해나갑니다. 실제 학교협동조합에서 열심히 활동을 한 학생들의 진로도 경제, 경영으로 국한되지 않아요. 《I Love 학교협동조합》에서는 사회복지사가 되고 싶어 하는 친구, 학교협동조합 교사의 포부를 이야기하는 친구도 있습니다. 또한 협동조합이나 사회적 기업에서 일하고 싶다고 말하는 친구도 있죠.

지금의 이러한 학교협동조합 경험이 시간이 지나 각자에게 어떤 의미로 남게 될지는 모르겠습니다. '그때 학교협동조합 활동에 시간을 덜 들이고 다른 공부에 더 투자할걸'이라는 아쉬움이 남을 수도 있습니다. 저 역시 고백하자면 대학생활을 회상하며 가끔은 그런 아쉬움에 빠질 때가 있으니까요. 그렇지만 시간이 지날수록 참 좋았던 경험이었다고 생각할 것입니다.

다른 친구들과 함께 의기투합해서 무언가를 실현해보는 경험을 가진 이는 많지 않기 때문입니다. 그 노하우와 즐거움을 맛본 이들이라면 어디 가서든 사회 구성원으로서 훌륭한 제 몫을 해낼 것이기 때문입니다. 그리고 그 자리는 꼭 협동조합일 필요는 없습니다. 앞으로도 많은 시간과 선택의 기회, 성장의 기회가 있기에 지금처럼만 다른 사람에 대한 따뜻한 애정을 갖고 함께하는 법을 익혀나간다면 어디서든 사회의 빛과 소금 같은 존재가 될 거라 생각합니다. 협동이란 가치는 협동조합에서만 중요한 것이 아니기 때문이죠.

학교협동조합은 이러한 협동의 경험을 제공할 뿐 아니라 내가 정말 하고 싶은 것이 무엇일까를 알아가는 시간이라고 생각합니다. 하고 싶은 일이 명확한 경우도 있지만 다양한 경험을 하면서 자신의 흥미와 역량을 알아가는 경우가 더 많습니다. 학교협동조합에서 다양한 활동을 하면서 스스로도 몰랐던 나의 여러 면을 발견하고 발전시켜나가길 바랍니다.

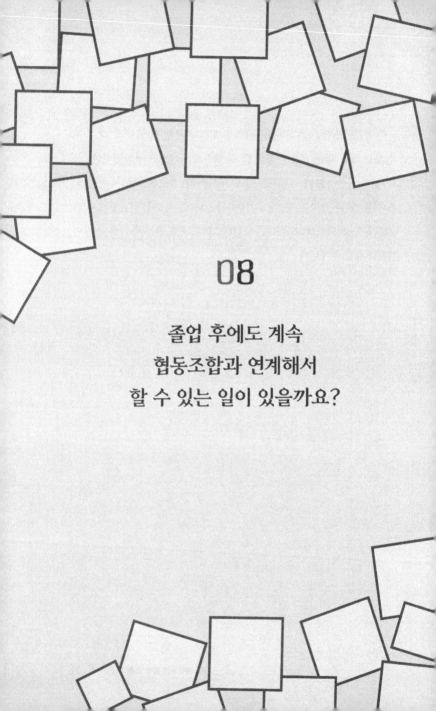

08

졸업 후에도 계속
협동조합과 연계해서
할 수 있는 일이 있을까요?

협동조합에서 나의 꿈과 직업을 찾고 싶은 사람들도 있을 겁니다. 필자도 대학 때 협동조합을 접한 뒤 협동조합 교육·컨설팅·연구를 하고 있으니 충분히 가능한 일입니다. 다음과 같이 협동조합과 관련해 대학 및 대학원 진학을 모색할 수도 있죠. 앞으로 협동조합과 관련한 학과는 더욱 늘어날 예정입니다.

학부 과정
- 경남과학기술대학교 사회적 경제 전공(연계 전공, 복수 전공, 부전공, 써티피킷(Certificate))
- 한신대학교 글로벌비즈니스학부(사회적 경제 과정)
- 한양대학교 사회혁신융합 전공(2018년부터 모집. 1학기 이상 학기 이수 후 신청)

대학원
- KAIST 경영대학원 사회적 기업가 MBA 과정(석사)
- 대구가톨릭대학교 사회적경제대학원 사회적경제학과(석사)
- 성공회대학교 사회적경제대학원 협동조합 MBA 과정/마을공동체 전공(석사)
- 숭실대학교 사회복지대학원 사회적 기업 전공(석사)
- 한신대학교 사회혁신경영대학원 사회적경제학과(석사)

- 한양대학교 국제대학원 글로벌사회적경제학과(석사)
- 부산대학교 일반대학원 사회적 기업학 전공(석·박사(예정))
- 성공회대학교 일반대학원 협동조합경영학과(석·박사)
- 이화여자대학교 일반대학원 사회적 경제 전공(석·박사)

하지만 그보다는 협동조합 자체가 직업이 될 수 있다고 생각해도 좋을 듯해요. 전 세계에서 협동조합과 관련된 일을 하는 사람은 얼마나 될까요? 국제노동자협동조합연맹(CICOPA)이 2017년 9월에 발표한 〈협동조합과 고용(Cooperatives and Employment)〉에 관한 보고서에서 답을 찾을 수 있습니다.

전 세계 156개국을 조사했을 때 세계 고용 인구의 9.46퍼센트에 해당하는 약 2억 7940만 명이 협동조합 관련 분야에서 일을 하는 것으로 나타났습니다. 협동조합에서 일하는 사람이 아닌 조합원으로 했을 때는, 전 세계 294만 개 협동조합에 총 12억 1750만 명의 조합원이 가입되어 있다고 합니다. 노르웨이는 국민의 80퍼센트 이상이 조합원으로 가입되어 있기도 하고요.

우리나라에서도 농협, 신협, 수협, 서울우유, 생협 등 다양한 협동조합이 있습니다. 특히 최근에는 가맹점들이 모여서 본사를 협동조합으로 만들기도 하고, 기사들이 택시회사를 인수해 협동조합으로 운영하기도 합니다. 국수나무로 유명한 해피브릿지는 주식회사에서 협동조합으로 전환하기도 했고요.

2012년 12월 '협동조합 기본법'이 시행된 이후 5년 사이에 1만 2400여 개의 협동조합이 만들어졌습니다. 〈2015년 협동조합 실태 조사〉에 따르면 협동조합에는 평균 8.2명의 종사자가 있다고 해요.

협동조합에 보다 많은 관심이 생겼다면 다음과 같은 책을 추천합니다. 아울러 협동조합 포털사이트(www.coop.go.kr)에서 협동조합과 관련한 다양한 정보를 얻을 수 있습니다. 무엇보다도 내가 사는 지역에서 어떤 협동조합이 있는지를 찾아보고 경험해볼 수 있을 거예요.

초등학생
–《둥글둥글 지구촌 협동조합 이야기》(류재숙 지음, 풀빛, 2015) : 협동조합의 개념을 비롯해 국내외 다양한 협동조합 사례를 재미있게 설명한 책. 중학생이 읽어도 좋다.

중·고등학생
–《협동조합, 참 좋다》(김현대 외 지음, 푸른지식, 2012) : 세계 협동조합 기업에 대해 기자들이 직접 취재한 생생한 현장

보고서

- 《이런 협동조합이 성공한다》 (김은남 지음, 개마고원, 2015)
: 국내 다양한 협동조합의 사례를 통해 협동조합의 생생한 모습을 담고 성공의 비결을 찾고 있다.

- 《만들자, 학교협동조합》 (박주희·주수원 지음, 맘에드림, 2015) : 학교협동조합의 국내외 사례를 소개한다.

3장

교사들은
이런 것들이 궁금해요

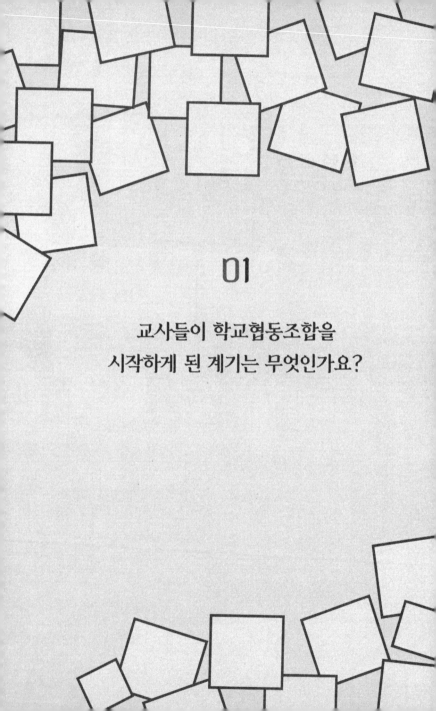

01

교사들이 학교협동조합을
시작하게 된 계기는 무엇인가요?

학생들이야 학교협동조합을 통해 다양한 사업을 경험해보고, 매점처럼 학교생활에 즐거움과 편리를 더할 수 있다지만 교사 입장에서는 번거로운 일이 아닐까 싶을 수 있습니다.

교사들이 학교협동조합을 시작하게 된 계기는 다양합니다. 먼저 학생들의 불편함을 보기 힘들어서 시작한 경우가 있습니다. 고등학교에서는 처음으로 학교협동조합을 시작한 복정고등학교는 2010년에 새로 지어진 비평준화 지역의 학교로, 성남시와 서울시의 경계인 그린벨트 안에 위치해 있습니다. 전철역에서도 도보로 30분 정도 떨어진 외진 곳에 있어 주변에 문구류 등을 살 수 있는 상점조차 찾기 힘들었습니다. 신설 학교라 중학교 졸업 예정자들에게 인기 있는 학교도 아닌 데다 인근 지역의 소득 수준도 낮은 편이고, 학부모들도 생계에 바빠 학교 활동에 활발히 참여할 수 없었습니다.

학교 안에 매점이 없다 보니 학생들은 학교 뒷문 앞 공장에 있는 자판기를 이용했습니다. 문제는 자판기에서 파는 음식은 관리가 불가능하고, 가격까지 매번 오르고 있었다는 점이었습니다.

당시 아이들은 집에서 간식을 싸오며 불편을 호소했고 선생님들도 매점의 필요성을 느꼈지만, 개교 이후 학교가 안정 궤도에 들어서지 않은 상황이라 학교에서도 선뜻 매점을 설립하기 어려웠습니다. 게다가 사회적으로도 학교 매점의 문제점들이 많이 거론되던 시기였고요.

때마침 그 무렵 '협동조합 기본법'이 시행되면서 협동조합에 대한 관심이 높아졌고, 만일 매점이 만들어진다면 협동조합 방식이 좋겠다는 생각을 가지게 된 교사들의 시도가 이어졌습니다.

하지만 시간이 지나면서 학교협동조합을 통한 경제 교육, 민주시민교육의 가치가 알려지면서 교육과정으로서 학교협동조합을 설립하게 된 교사들도 늘어났습니다. 학교협동조합을 운영하는 그 자체가 다양한 사회적 삶, 공동체적 삶을 만들어갈 수 있는 마을 연계형 교육과정일 뿐 아니라 마을과 학교를 이어주는 징검다리 역할을 할 수 있는 공간이 될 수 있다고 이야기합니다(윤우현, 2016).

학교 안에서의 교육만으로는 부족하다는 것을 선생님들도 많이 느끼고 있습니다. 그래서 초·중·고 혁신학교 교사들을 중심으로 학교 바깥의 다양한 삶을 교실 안으로 연결하는 수업이 많아지고 있습니다. 또 학생들이 교실 안에서 훈련한 내용을 학교 바깥에 나가서 실천할 수 있도록 연계하는 교사들도 늘고 있고요.

이런 교사를 언론에서는 '교사 혁신가'라 소개하기도 했습니다. 수업 혁신, 교실 혁신을 넘어 교실 밖에서도 교육 혁신을 위해 자발적으로 '투잡'에 나서는 교사들인 셈이죠. 많은 교사가 이렇게 교실 밖으로, 학교 밖으로 교실을 끝없이 확장해 한국 교육의 문제를 해결해가고 있습니다(《한겨레21》, 2017).

학생들을 위한 복지 차원에서, 마을과 학교가 연계되는 수업 과정으로서, 혹은 새로운 교육 자원을 찾기 위해서 등 처음 학교협동조합을 시작하게 된 이유는 다양할 수 있습니다. 학생, 학부모, 지역주민이 학교협동조합을 시작하게 된 계기 역시 다양합니다. 또한 협동조합이 교사들에게 새로운 배움과 성장의 과정을 주기도 합니다. 가르치고 배우면서 서로 성장한다는 교학상장(敎學相長)이 협동조합을 통해 이뤄지기 때문입니다.

맞습니다. 학교협동조합은 학생만을 위한 배움터가 아닌 교사, 학부모를 위한 배움의 공동체입니다. 학교협동조합을 통해 사람(人)을 배웠다고 고백한 교사의 이야기를 살펴봐주세요.

외람된 말이나 난 협동조합에 필요한 덕목을 잘 모르고 살던 사람이다. 독창적인 작업을 좋아하는 편이라 연대와 협력의 필요성에 민감하지 않았다. 그러나 학교협동조합 설립 과정에서 만난 여러 사람 덕에 나는 더불어 사는 행복과 지혜를 배웠다. 즉, 사람(人)을 배운 것이다. 사람이 중심인 협동조합은 사람 때문에 힘을 얻기도 하고, 사람 때문에 힘들어지기도 하지만 결국 함께하는 사람이 있어 존재할 수 있음을 깨닫게 된 것이다.

_박인범, 2017

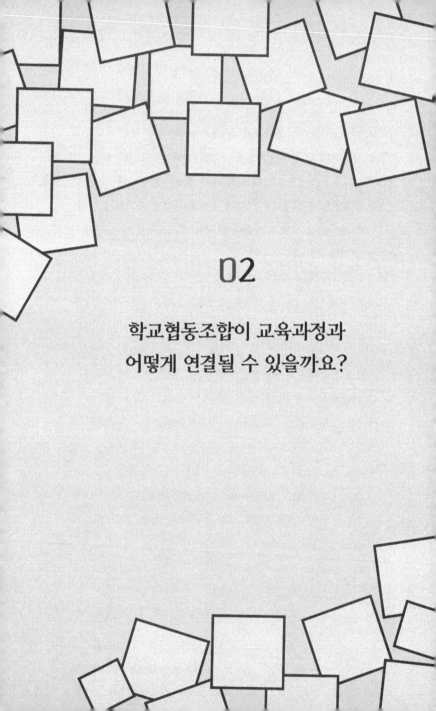

02

학교협동조합이 교육과정과
어떻게 연결될 수 있을까요?

"학교협동조합이 교육과 연계된다고 하지만, 교육과정에 협동조합이 들어와 있지는 않잖아요. 학생들에게 어떻게 교육을 할 수 있을까요?"라고 질문하는 교사들도 종종 접합니다.

실제 아직은 협동조합이란 교과목이 정식으로 생기지 않았습니다. 기존 사회, 경제 교과서 등에 협동조합을 소개하는 내용도 거의 없는 상황입니다.

하지만 협동조합이 대안경제로서, 미래 교육의 방안으로 주목받고 있기에 정부에서도 교재 개발은 물론이고 교육과정에 적극적으로 반영하기 위해 검토 중에 있습니다. 앞서 살펴본 대로 정부가 2017년 10월에 발표한 '사회적 경제 활성화 계획'에 따르면 초·중등교육에 사회적 경제 교육을 확대하고, 사회적 경제 교수·학습자료 개발·보급 및 교원 교육을 강화할 계획을 세우고 있습니다. 이를 위해 시도 교육청의 관련 교과목 신설 및 인정 교과서 개발을 지원하도록 하고 있고요. 또한 차기 교육과정 개정 시, 사회적 경제와 관련 내용을 확대·반영하기로 했습니다.

또한 서울시 교육청에서는 2016년에 지역 인정 교과서로 '중학교 사회적 경제 인정 도서'를 개발하여 보급했습니다. 또한 《초등학교 사회적 경제 교수·학습자료》, 《고등학교 사회적 경제 워크북》도 함께 개발·보급했습니다. 이들 교재는 2017년에도 교사들과 함께 수정, 보완해나가고 있으며 교사 연수도 시행 중에 있습니다. 경기도 교육청에서도 교사들과 함께 2016년 '마중물'이라는 이름으로 초·중·고등학생 대상의 사회적 경제 워크북을 개발하여 보급하고 있습니다. 아마 시간이 지나면 교육과정에 반영하는 데 그치지 않고 관련한 교과서 개발이 더 진행될 예정입니다.

하지만 꼭 현재의 교육과정이 변경되지 않더라도 학교협동조합이 2015 개정 교육과정과 맞닿을 수 있는 지점은 많습니다. 2015 개정 교육과정에 따라 기업가 정신 교육이 2018년을 시작으로 2020년까지 초·중·고등학교 전체 학년으로 확대 시행됩니다. 여기서 기업가 정신은 우리가 이전에 알고 있던, 자신의 이익만을 추구하는 이미지만은 아닙니다. 오히려 기업가를 뜻하는 영어 단어인 Entrepreneur가 가지고 있는 모험가, 개척자라는 의미에 주목합니다. 따라서 기업가 정신은 "사업 활동에서 계속적으로 혁신하여 나아가려고 하며 사업 기회를 실현시키기 위하여 조직하고, 실행하고, 위험을 감수할 수 있는 것" 또는 "조직과 시간 관리 능력, 인내력, 풍부한 창의성, 도덕성, 목표 설정 능력, 적절한 모험심, 유머 감각, 정보를 다루는 능력, 문제해결을 위한 대안 구상 능력, 새로운 아이디어를 내는 창조성, 의사 결정 능력, 도전 정신" 등을 의미합니다.

이러한 기업가 정신 교육은 보다 더 큰 의미로는 창의적 진로 역량과도 연결되는 지점입니다. 창의적 진로 역량은 새로운 것을 만들고 혁신할 수 있는 창업가 정신과 창의성, 변화에 대한 이해와 적응,

대인관계 역량 등 핵심 역량의 함양을 목표로 합니다(진미석, 2013).

결국 창의적 진로 역량, 기업가 정신 교육은 큰 틀에서는 문제해결 과정이라고 볼 수 있습니다. 이 부분은 앞서 설명했던 학교협동조합의 다양한 교육적 활동과 맞닿는 부분이고요.

더불어 학교협동조합은 기존의 기업가 정신 교육에서 부족할 수 있는 사회성, 시민성을 연결시키는 교육이기도 합니다. 2015 개정 교육과정에서는 6대 핵심 역량에 '지역·국가·세계 공동체의 구성원에게 요구되는 가치와 태도를 가지고 공동체 발전에 적극적으로 참여하는 공동체 역량'을 포함하고 있습니다. 기업가 정신 교육을 통해 문제해결 역량을 키우지만 이는 결국 혼자만의 이익이 아닌 공동체를 위한 이익으로 모아져야 합니다. 학교협동조합이 민주시민교육, 세계시민교육과 연결될 수 있는 부분입니다. 이미 교육부에서도 2015 개정 교육과정과 연계해 학교급별 세계시민교육 가이드북을 개발·보급하고, 선도 교사 위촉 연수 등을 지원하고 있습니다.

따라서 이러한 2015 개정 교육과정과 연계한 기업가 정신 교육, 세계시민교육으로도 학교협동조합 교육이 이뤄질 수 있습니다. 또한 학교협동조합은 특정한 과목만으로는 수렴되지 않는 특성이 있습니다. 사실 협동조합 교육을 교과 과정과 연계한다고 할 때, 가장 먼저 경제 교육 혹은 사회 과목을 떠올릴 수 있을 것입니다. 하지만 이런 협동조합 활동들이 늘 특정 과목으로 수렴되는 것은 아닙니다.

예를 들어 학교협동조합 소식지를 만드는 일은 국어 과목과 연계성이 있고, 홍보 포스터를 만드는 것은 미술 과목과도 연계됩니다. 실제로 홍덕고등학교에서는 학교협동조합 설립을 준비하며 다양한 과목 연계를 진행했습니다. 이를테면 사회 교사는 협동조합의 운영 원리에 대한 수업을 진행하고, 가정 교사는 식생활 교육을 주제로 협동조합을 이야기하는 방식이었죠. 국어 교사는 협동조합 관련 지문을 활용해 수업을 했고요. 김포 운양고등학교는 학교협동조합을 하면서 모든 교사가 함께 수업 시간에 조금씩 협동조합 교육을 할 수 있는 방안을 논의해보기도 했습니다.

실제 앞서 소개한 영국의 경우 협동조합 교육 커리큘럼과 교재가 일정한 요건 하에 국가 커리큘럼에 포함되어 있습니다. 정부가 재정 지원을 하는 국공립학교는 만 5~16세까지 의무교육을 실시하고 있으며, 교육부가 제정한 '국가 커리큘럼'이 정하고 있는 교과목을 교육해야 합니다.

이러한 교과목에 협동조합 전문 교육기관인 협동조합 칼리지가 개발한 영국의 초·중·고등학생 대상 협동조합 교육 커리큘럼이 포함되어 있습니다. 구체적인 내용은 다음과 같습니다.

- 교과목 1) 변화를 위한 협력-학교에서의 공정무역(Co-operation for Change - Fair trade in School): 만 7~12세 대상
- 교과목 2) 협동의 주요 단계(Key Steps in Co-operation): 만 11~14세 대상
- 교과목 3) 청소년 협동조합 기업(Young Co-operatives Enterprise): 만 12~16세 대상
- 교과목 4) 협동조합 시민(Co-operative Citizenship): 만 12~15세 대상
- 교과목 5) 협동조합 학습을 통한 자기 계발 수료 과정(Certificate of Personal Effectiveness through Co-operative Studies): 만 13~16세 대상

출처: 김정원, 2015

03

사회적 경제 교육과
학교협동조합은 어떻게 연결되나요?

'협동조합 교육'도 생소한데 '사회적 경제 교육'은 또 뭔지 궁금해 하는 분이 많을 듯해요. 사회적 경제는 보통 ① 이윤보다는 구성원 과 지역사회 공동체의 이익을 위해 활동하고, ② 민주적인 의사 결 정을 가지며, ③ 공공 부문으로부터 일정 부분 독립적인 운영을 하 고, ④ 수익 배분에서 자본보다는 인간과 노동을 먼저 고려하는 민 간 조직으로 정의됩니다(emes.net[*]). 협동조합도 이러한 사회적 경 제의 일원이죠. 전 세계적으로 빈부격차의 심화 등 시장의 실패와 공공의 비효율성 등 정부의 실패 속에서 제3의 영역을 찾게 되었습 니다. 사회적 가치를 추구하면서도 민간의 자율성과 역동성에 바탕 을 둔 것이 사회적 경제입니다. 대안적 경제 모델로 주목을 받는 이 유이고요. 협동조합 외에도 사회적 기업, 마을 기업, 자활 기업 등이 사회적 경제에 포함됩니다.

특히 2008년의 글로벌 금융위기 이후 스페인(2011), 멕시코(2012), 포르투갈(2013), 캐나다 퀘벡주(2013), 프랑스(2013) 등에서 빈부 의 격차를 해소하고 복지 기반을 강화하기 위한 유효한 수단으로서 사회적 경제와 관련한 법들이 제정되고 있습니다. 우리나라에서도 2014년 당시 새누리당과 더불어민주당에서 '사회적 경제 기본법'을

---

[*] EMES는 사회적 경제를 연구하는 연구자 및 연구기관 네트워크로 유럽연합(EU)의 지원을 받아 1996년 설립된 이후 현재까지 사회적 경제와 관련된 다양한 연구 네트워크 활동을 해 오고 있습니다.

발의했습니다.

청소년들에게 사회적 경제 교육을 하는 이유는 학생들이 경제 문제에서 시장과 정부라는 이분법적 구도에서 벗어나 비경제 교과에서 배우는 다양한 가치가 갖는 경제적 의의를 이해할 수 있다고 보기 때문입니다(박도영 외, 2017). 앞서 학교협동조합이 교육과정과 어떻게 연결되는가를 설명했듯이 국가 단위, 지역 단위에서 사회적 경제 교재 개발과 교육이 진행 중인 이유이죠.

그렇지만 사회적 경제 교육은 또 하나의 지식과 정보 위주의 교육이 되어서는 안 됩니다. 직접 내 주변의 사회문제를 탐색하고 이를 경제적으로 풀어가는 방식을 고민하고 실천해보면서 역량과 인성 중심의 교육으로 진행되어야 합니다. 그래서 교재도 활동 중심의 워크북으로 만들어지며, 지역의 사회적 경제 기업을 탐방하고 지역사회의 문제를 해결하기 위한 프로젝트를 병행하도록 하고 있습니다.

이런 점에서 학교협동조합은 사회적 경제 교육의 본래 목적을 충실하게 담아낼 수 있는 학교 안의 배움터이자 역량과 인성을 훈련하며 키워나갈 수 있는 현장 실습터입니다. 학교협동조합 활동을 통해 학생 조합원의 역량이 향상된다는 것을 아마티야 센(Amartya Sen)의 '역량중심접근법'을 중심으로 밝혀내고자 한 연구도 있습니다(신민하, 2016).

학교협동조합은 인위적인 배움터가 아닌 서로가 함께 만들어가는 배움터입니다. 학생 조합원으로 활동하면서 만나는 모든 사람이 교육의 계기를 제공합니다. 교사만이 배움을 전달해주는 것이 아니라 책과 친구와 외부에서 만난 사람이 모두 훌륭한 스승 역할을 합니다. 학생끼리도 상호간에 훌륭한 선생 역할을 할 수 있으며, 스스로 교육의 자료, 교육의 순간을 만들어낼 수 있습니다.

따라서 사회적 경제 교재만이 아니라 다양한 읽을거리와 활동 거리가 교육의 소재가 될 수 있습니다. 서울시 교육청에서 펴낸《학교협동조합 운영 매뉴얼》(2015)에는 실제 학교협동조합을 통해 이루어진 교육들을 모아서 준비 교육과 프로젝트 실행으로 유형화했습니다.

구분	항목
준비 교육	협동조합 및 사회적 경제에 대한 이해 교육
	문제해결 능력 향상 교육
	연관 교육: 생태 교육/ 공정무역 교육/ 식생활 교육/ 윤리적 소비 교육
프로젝트 실행	학생분과위원회 활동
	학생 상호 배움 활동
	재활용 실습 활동
	창업 활동

삼각산고등학교 학교협동조합에서 진행한 1일 창업 대회 모습

먼저 준비 교육입니다. 학교협동조합의 활동들은 매점이라는 경제적 공간에 학교 공동체, 공정무역, 윤리적 소비 등 다양한 사회적 가치를 경제적으로 구현하는 활동이기도 합니다. 이를 위해 다음과 같은 교육이 필요합니다. ① 협동조합 및 사회적 경제에 대한 이해, ② 프로젝트 기반의 경제활동을 하기 위한 문제해결 능력 향상, ③ 윤리적 소비, 공정무역, 생태 교육 등 여러 사회 가치적인 활동에 대한 이해가 필요합니다.

다음으로 프로젝트 실행 교육은 학생들이 직접 다양한 사업들에 참여하고 활동하며 이루어지는 교육입니다. ① 매점이라는 공간을 중심으로 한 각종 분과위원회 활동(구매, 홍보 등), ② 학생 상호 배움 활동, ③재활용 등 파생되는 활동, ④개별 창업 실습 프로젝트 등이 있습니다.

특히나 프로젝트 실행 교육을 할 때는 교사의 역할이 무척 중요합니다. 외적인 완벽함보다는 학생들의 창의적이고 건설적인 태도를 독려하고, 더디고 완성도가 높지 않더라도 학생들이 충분히 고민하고 진행할 수 있도록 지원해줘야 하기 때문입니다. 교육에 대한 올바른 관점과 경험을 가진 교사가 중심을 잡아주어야 학교협동조합 교육이 제대로 될 수 있습니다.

사회적 경제가 내 주변의 사회문제를 경제적인 방식으로 풀어가는 삶의 원리라고 할 때, 학교협동조합을 통해 이뤄지는 프로젝트 활동은 이를 직접 체험해보며 사회적 경제 역량을 향상시키는 활동이 됩니다. 무엇보다 학교협동조합은 가상의 문제가 아닌, 학교 안에서 학생들이 직접 경험하며 가깝게 느끼는 문제를 다루기에 교육적 효과가 더 큽니다.

04

학생들과 처음에
어떤 방식으로 협동조합에 대해
이야기할 수 있을까요?

학교협동조합에 관심을 가지게 되더라도 학생들과 어떻게 협동조합에 대해 이야기해야 할지 막막해하는 교사가 많습니다. 학생들을 위한 교육적인 차원에서 시작하지만 아무리 좋은 것이라도 억지로 떠먹이는 건 맞지 않기 때문입니다. 자발적인 참여를 유도해야 하고, 진짜로 학교협동조합이 무엇인지 알고 싶고, 함께 활동하고 싶은 학생들이 모여야 합니다.

그런데 '협동조합 기본법'이 시행된 지 5년이 지났지만 아직까지 어른들도 협동조합 자체를 생소해합니다. 2017년까지 전국적으로 60여 개 학교협동조합이 설립·운영되고 있지만 학교에서 협동조합을 한다는 게 여전히 낯설고요.

학생들은 얼마나 더할까요? 더욱이 협동조합에 대해 알아갈수록 일상생활에서는 잘 쓰지 않는 생소한 개념들이 많을 텐데 말입니다.

이런 상황에서 학생들이 협동조합에 호감을 표시하고 자발적으로 선택할 수 있을까요? 학생들의 자발적인 참여 보장이라는 명목 하에 혹여 방치되고 있지는 않을까요? 마치 상대방의 이름만 듣고 결혼을 선택할 수 없듯이 학교협동조합과 학생들도 서로를 알아가기 위한 시간이 필요합니다. 물론 어느 정도 활동하고 난 뒤에 나와 맞지 않다고 느껴 다른 것을 선택할 수도 있겠지만, 그럼에도 언제든 학생들이 충분히 협동조합을 경험할 수 있도록 문을 열어두는 일이 필요합니다.

학교협동조합에 대한 짧은 영상과 설명으로 맛보기를 제공하는 것도 좋습니다. 서울시 교육청과 경기도 교육청에서 만든 학교협동조합 영상이 있으며, 유튜브에서 검색하면 학교협동조합 뉴스와 각 학교협동조합 소개 영상을 쉽게 찾을 수 있습니다.

- 서울시학교협동조합지원단의 〈서울시 학교협동조합을 소개합니다〉(2015. 9. 8)
youtu.be/ybifErZn7nc
- 서울시학교협동조합지원단의 〈학교협동조합 쉽게 설명드려요〉(2016. 8. 17)
youtu.be/PA_hbOAsxjU
- 경기마을교육공동체의 〈학교협동조합편〉(2017. 5. 14)
youtu.be/NxS5eHjmVac

학교협동조합에 대해서는 이 책 1장에서 설명한 대로 '협동조합은 공동의 필요를 사업으로 만든 규칙 있는 모임'이라는 주제로 프레젠테이션 자료를 활용해 짧게 설명하는 방법도 있습니다. 교육청 자료 및 다양한 교안 PPT가 공유되고 있습니다.

하지만 이보다 더 중요한 것은 학생들이 어느 정도 정보를 받아들인 뒤에 협동조합에 대한 서로의 생각을 나누는 일입니다. 이때 주의할 점은 완벽한 정의를 내리려고 하지 말고, 협동조합 하면 떠오르는 즉각적인 생각이나 이미지를 말이나 동작으로 표현하게 하는 것입니다. 조를 짜서 조별로 협동해 표현해도 좋습니다.

고등학생들에게 이 질문을 했을 때 가장 인상 깊었던 대답 중 하나는 "협동조합은 물이다."였습니다. 학생이 덧붙인 해석은 이러했습니다. "물이 담기는 컵의 모양에 따라 각각 달라지듯이 협동조합이라는 것도 어떤 사람들이 하느냐에 따라 달라지는 것 같아요."

이 같은 대답은 협동조합에 대해 고정된 상이나 정답을 갖지 말라는 강사의 백 마디 말보다 훨씬 큰 교육적 효과를 가집니다. 사람과 협동조합을 물과 컵의 관계로 비유하며 쉬운 언어로 다른 학생들에게 공감을 주기 때문입니다

협동조합의 중요한 3가지 키워드인 '필요', '사업', '규칙'에 대해 이야기해볼 수도 있습니다. '카드토론게임'은 사회적협동조합 자바르떼에서 기존의 월드카페 형식을 협동조합 교육에 적용, 개발한 교육 프로그램입니다.

순서는 먼저 10~15분 정도 짧게 이론 강의를 끝낸 뒤, 조별로 나눠 포스트잇에 협동조합의 3가지 키워드에 해당하는 각자의 아이디어를 적도록 하는 방식입니다. 주의할 점은 포스트잇 한 장에 하나씩만 적는데, 문장보다는 단어로 큼직하게 적도록 하는 겁니다. 그런 다음 다른 조원들이 적은 것까지 모두 모아서 섞은 뒤, 이를 다시

각 키워드별로 함께 묶어 분류합니다. 이때 옳고 그름, 실현성과 효율성 등을 판단하지 않습니다. 이 게임의 목적은 저마다의 생각을 브레인스토밍하고 다양한 의견을 관찰하면서 공통분모를 탐색하는 데 있기 때문이죠. 다음으로는 각 조마다 협동조합을 잘 대표하는 이미지를 전지에 커다란 그림으로 표현하도록 하고, 앞에서 분류한 키워드를 그 그림 위에 배치하도록 합니다.

자신의 언어로 협동조합을 이야기할 수 있게 되었다면, 이제 학생들이 자신의 문제의식에 따라 협동조합을 탐구할 수 있도록 유도하는 것도 좋습니다. 이때는 어려운 이론보다 학생들에게 잘 와 닿을 만한 사례 위주로 교육을 진행합니다. 이를테면 인터넷으로 관심 있는 관련 기사를 찾아보거나 국내의 다양한 사례를 살펴보며 보다 입체적으로 협동조합을 이해하는 것도 좋습니다. 협동조합 사례집과 신문기사 검색 활용을 추천합니다.

마지막으로 직접 현장을 견학하는 탐방 학습도 큰 도움이 됩니다. 현재 설립된 학교협동조합은 물론이고, 지역의 생협 등 다양한 협동조합을 방문해 궁금했던 부분들을 질문하는 것입니다. 다만 질문지는 탐방 전에 미리 작성하는 것이 좋습니다.

비슷한 협동조합을 만들고자 한다면, 어떤 부분에 주안점을 둘지 생각해보는 것도 필요합니다. 혹은 자신을 기자로 상정하고 기사를 작성할 때 어떻게 내용을 구성할지 생각해두면 탐방 시 몰입도도 높아지고 학습 효과도 큽니다.

 이렇게 협동조합에 익숙해졌다면, 앞서 설명한 대로 프로젝트 실행 교육에 들어갈 수 있습니다. '문제에서 기회를 발견하고, 해결 방법을 찾고, 그것을 실현'해나가는 교육이죠.

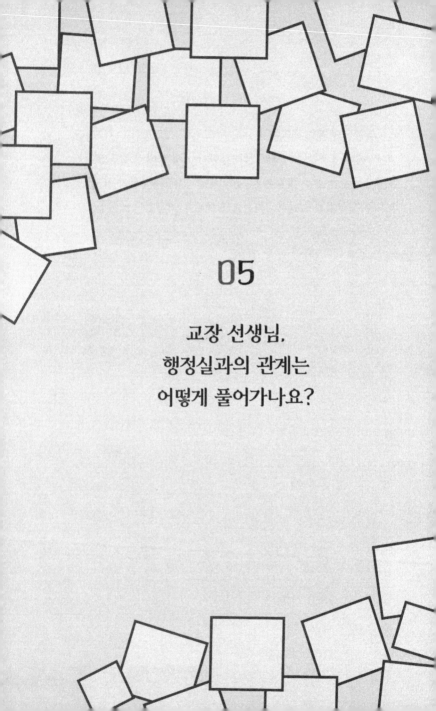

05

교장 선생님,
행정실과의 관계는
어떻게 풀어가나요?

학교협동조합을 하려고 해도 교장 선생님, 행정실과의 관계에서 어려움을 겪는 교사가 많습니다. 학교협동조합이 자리 잡고 발전하기 위해서는 학교 관리자들(교장, 행정실장 등)과의 협력이 필수입니다. 학교협동조합은 교육청이나 지자체의 하부조직이 아니듯이 학교의 하부조직도 아닙니다. 수평적이면서 협력적으로 관계를 설정하기 위해서는 많은 노력이 필요합니다. 다음은 경기도 현암고등학교에서 학교협동조합 공간을 조성하는 과정에서 행정실과의 협력 관계에 대해 교사가 쓴 글입니다.

> 공간을 조성하기 위해서는 행정실의 협력이 절대적으로 필요하다. 사실 행정실 입장에서는 새로운 사업이 그다지 환영할 일은 못 된다. 업무가 증가하는 것은 물론, 흔하지 않는 일을 추진한다는 것이 쉽지 않기 때문이다. 현암고의 경우도 처음에는 호의적이지 않았다. 개인적으로도 공사하기 위한 절차를 잘 모르는 입장에서 구체적으로 어떤 부분에 협조를 부탁하고 업무를 조율할 것인지 난감했다.
>
> 그래서 내가 행정실에 어떤 부분을 해줬으면 좋을지에 대해 행정실과 협의하고 서로가 감정적으로 부딪히지 않는 가운데 호의적인 관계로 지속시키는 노력이 필요하다고 보았다. 간식이 생기면 행정실에 가서 티타임도 갖고 늘 감사한 마음을 표

현하니 행정실에서도 내 업무를 덜어주기 위해 적극적으로 지
원하기 시작했다.

_박인범 선생님, '윤리적 소비 공모전' 수기

이처럼 협력적인 파트너십을 갖기 위해서는 먼저 서로 간의 정보
를 공유하는 한편으로 충분한 소통이 필요합니다. 소통이 부족하면
오해가 생길 수 있고, 상대방의 입장을 섣불리 단정하는 경우도 많
습니다. 때로는 불필요하게 언사가 높아지고 감정이 뒤섞여 일이 꼬
입니다. 특히 아직 학교협동조합이 생소하고 정보도 충분하지 않기
때문에 관리자와 행정실에서는 학교협동조합에 대해 오해하는 경우
도 있습니다.

충분한 정보 공유, 소통과 함께 중요한 것은 학교와 학교협동조합
이 상호 독립적이고 유기적으로 연결된 의사 결정 체계를 가지고 있
다는 점을 인식하는 일입니다.

예컨대 한 학교의 관리자가 학교협동조합의 운영을 걱정해 책임
감을 느끼고 학교협동조합의 지출 내역을 매달 사전에 결재 받도록
요구한 경우가 있었습니다. 당연히 조합 실무자는 이것이 협동조합
의 독립성 원칙에 맞는지 고민했고요.

이런 식의 문제는 관리자가 협동조합 시스템을 정확히 이해하지
못한 데서 온 혼선입니다. 학교협동조합의 경우, 각종 중요 서류가

조합에 비치되어 있어 조합원 누구나 열람할 수 있으며, 지출 내역도 매번 사전 열람은 어렵지만 사후에는 오픈하도록 되어 있습니다. 또한 교직원이라면 이사 등 임원의 형태로 매월 열리는 이사회나 분과위원회 등에서 협동조합의 경영을 가까이서 지켜보고 함께할 수 있는 만큼 굳이 사전 결재로 협동조합의 독립성 원칙을 훼손할 필요는 없겠지요. 다행히 그 관리자도 조합 측 실무자의 이야기를 듣고는 기존의 요청을 취소했습니다.

이처럼 교장 선생님, 행정실과는 서로 협력하고 협조를 구하되 수평적인 관계를 가질 수 있도록 노력해야 합니다.

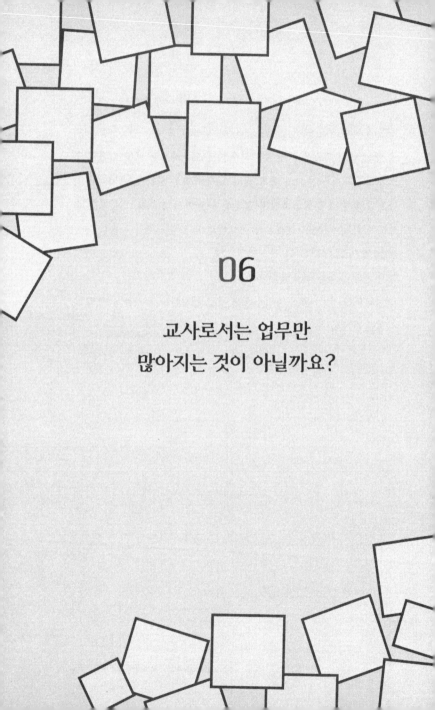

06

교사로서는 업무만
많아지는 것이 아닐까요?

교육의 새로운 방향과 변화의 흐름에 공감하면서도 학교협동조합에서 활동하는 것을 주저하는 교사를 많이 접합니다. 또한 "교사가 교육 본연의 업무에 전념할 수 있도록 행정 업무를 경감하는 방향으로 정책이 진행 중인데 학교협동조합 활동은 이를 역행하는 것이 아닌가요?"라고 반문하는 경우도 많이 봅니다.

교원의 행정 업무 경감은 중요한 부분입니다. 학교의 내부 업무를 잘 모르는 분들은 교사가 학생들과 수업만 한다고 생각하지만 수업만큼이나, 혹은 수업보다 많은 다양한 부가적인 행정 업무가 존재합니다. 이러한 불필요한 행정 업무, 잡무를 줄이기 위한 노력도 계속 이어져왔습니다. 학교의 업무를 정상화하고 교사의 전문성을 높이기 위해서입니다.

1979년 문교부에서는 '교원 업무간소화 지침'을 시행했고, 1981년에는 국무총리 지시로 '학교교육 정상화를 위한 교원 집무 경감에 관한 지시'도 이뤄졌습니다. 그렇지만 여전히 불필요한 업무가 많습니다.

이런 상황에서 학교협동조합을 하고, 마을과 학교의 협력 사업을 한다고 할 때 교사 입장에서 방어적인 자세를 취하게 되는 것은 당연한 일입니다. 즉 "여러 정책 사업과 지시 협조 공문으로 인해 교사들이 교육에 집중해서 충분한 역량을 발휘하기 힘든 상태라면 아무리 좋은 정책도 학교에는 해가 될 수 있다."라고 말하기도 합니다. 전체적인 방향성에 대해서는 동의하더라도 현재의 학교 여건에서는 어렵다는 이야기입니다.

그래서 교육청에서도 학교협동조합이 또 하나의 업무 부가가 아닌 새로운 교육으로 발전되고 교육과정 안으로 들어가서 교원 본연의 업무로 연결될 수 있도록 노력하고 있습니다. 학교협동조합을 설립하는 과정에서는 생소한 행정적 어려움을 덜어주기 위해 각 지자체의 사회적경제지원센터와 협력하여 서류 작성 과정에서 도움을 받을 수 있도록 했습니다. 또한 운영 과정에서 학교협동조합에 필요한 행정, 사업, 교육과 관련해 교육청, 지자체들의 지원 체계도 생겨나고 있습니다. 그동안 학교협동조합에 필요한 서류를 작성하고 행정적인 절차를 밟아 나가는 과정에서 이에 익숙하지 않은 교사, 학부모들의 시행착오와 어려움이 있었습니다. 이 때문에 많은 구성원이 역량을 소진하며 정작 교육적 에너지를 잃기도 했지요. 60개의 학교협동조합이 생겨나면서 설립과 운영 매뉴얼이 자리 잡고 지원 체계가 만들어져가는 상황입니다.

또한 2017년 8월에는 학교협동조합들이 모여서 만든 전국학교사회적협동조합연합회의 창립총회도 열렸습니다. 영국의 경우에도 협동조합 학교들이 모여서 연합회를 만들고 사무국을 두어 설립과 운영 시 지원을 해주고 있습니다. 아직 초기 단계이지만 우리나라의 협동조합 연합회도 시간이 지나 안정화되면 동일한 역할을 할 수 있을 거라 생각합니다.

하지만 학교협동조합을 운영하면서 교원의 업무가 전혀 늘지 않았냐고 물어보면 선뜻 긍정하기가 어려울 듯합니다. 그렇기 때문에 교원 입장에서의 충분한 고민과 논의 과정이 필요합니다. 어떠한 교육을 만들어가고 싶은지 함께 논의하고, 우리 학교에도 협동조합이 적절한지 여러 가지 상황을 따져봐야 할 것입니다. 마을과 학교를 연계하는 것도 마찬가지입니다. 아무리 시대적 흐름이라 하더라도 정책에 따라, 위에서 결정한 바에 따라 무조건 따라가는 것은 맞지 않습니다. 각자의 위치에서 충분히 정보를 받아들이고 주체적으로 검토할 수 있어야 합니다.

다만 이러한 판단의 과정을 머릿속으로만 하는 것이 아니라 서로 만나면서 조금씩 맞춰가면 어떨까 합니다. 학교협동조합을 하기 전에 학생들과 동아리를 해보고, 마을과 학교 역시 처음부터 큰 사업을 통해 만나려고 하기보다는 서로를 알아가며, 지금 여기에서 시작할 수 있는 작은 일부터 시작해보면 좋을 듯합니다. 근육은 하루 아침에 생겨나지 않습니다. 각자의 역량에 맞는 운동을 해나가며 조금씩 축적하는 것이죠.

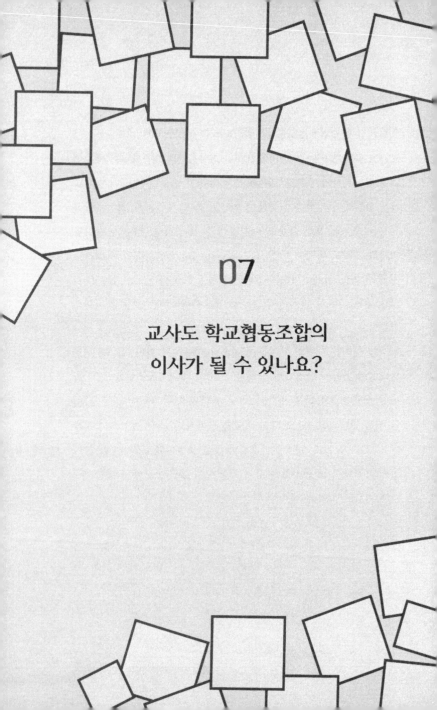

07

교사도 학교협동조합의
이사가 될 수 있나요?

'국가공무원법' 제64조에 따라 공무원은 공무 외에 영리를 목적으로 하는 업무에 종사할 수 없습니다. 이때 영리 업무란 계속적으로 재산상의 이득을 취하는 행위를 말합니다.

국가공무원법
제64조(영리 업무 및 겸직 금지)
① 공무원은 공무 외에 영리를 목적으로 하는 업무에 종사하지 못하며 소속 기관장의 허가 없이 다른 직무를 겸할 수 없다.

사립학교법
제55조(복무)
① 사립학교의 교원의 복무에 관하여는 국·공립학교의 교원에 관한 규정을 준용한다.

공무원이 책을 써서 인세를 받거나 외부에서 강의하는 것은 지속적인 경우는 아니기에 영리 업무에 해당하지 않습니다. 따라서 지속성, 영리 추구의 정도 등에 따라 판단이 달라질 수 있습니다.

영리 행위가 아닌 다른 직무에 종사할 경우에도 소속 기관장의 사전 겸직 허가를 받도록 하고 있습니다. 이 경우 본래의 업무에 지장을 초래하지 않는다면 겸직해도 된다는 허가를 받을 수 있습니다.

학교협동조합의 경우 교사도 조합원으로 가입하는 것은 얼마든지 가능합니다. 또한 대부분 학교협동조합이 사회적협동조합으로 설립·운영되고 있으며, 사회적협동조합은 비영리법인입니다. 따라서 사회적협동조합의 임원의 경우 겸직 허가를 받아 활동할 수 있습니다. 일반협동조합은 현행법상 영리법인으로 분류되지만, 이 경우도 학교협동조합의 공공성과 비영리성을 고려해 임원 겸직의 판단이 나누어질 수 있습니다.

겸직 허가권자에 대해서 문의하는 경우도 종종 있는데요. 교육감의 행정 권한 위임 규칙에 따라 이루어지기에 해당 지역 교육청에 문의해야 하지만 보통 유·초·중·고 교원(교(원)감 이하)의 경우 학교장으로 하고 겸직 허가 신청서를 제출하는 경우가 많습니다. 사립학교 교원의 경우에는 이사장이 허가권자로 되어 있고요. 초·중학교는 학교장이 허가권자로 되어 있습니다.

임원은 '협동조합 기본법'상 이사(이사장 포함)는 최소 3명 이상, 감사는 1명 이상이어야 합니다. 보통 10명 내외의 임원이 활동하고요. 학교협동조합마다 다르지만 교사 임원은 2~5명이 활동합니다. 교사 임원은 학교와 학교협동조합의 중요한 연결 역할을 해줍니다. 학생, 학부모, 지역 주민으로서는 학교에서 이뤄지는 다양한 행사와 일정에 대해 다 알기 어렵습니다. 교육청에서 학교협동조합과 관련해 보내는 공문도 학교협동조합으로 바로 오기보다는 학교를 통해 오는 경우가 많고요. 하지만 더욱 중요한 역할은 학생 조합원에 대한 교육입니다. 학생, 학부모, 지역 주민이 모두 함께 교육에 참여하며 서로에 대한 교육을 해나가지만 교육에서 교사의 중심 역할은 여전히 중요합니다.

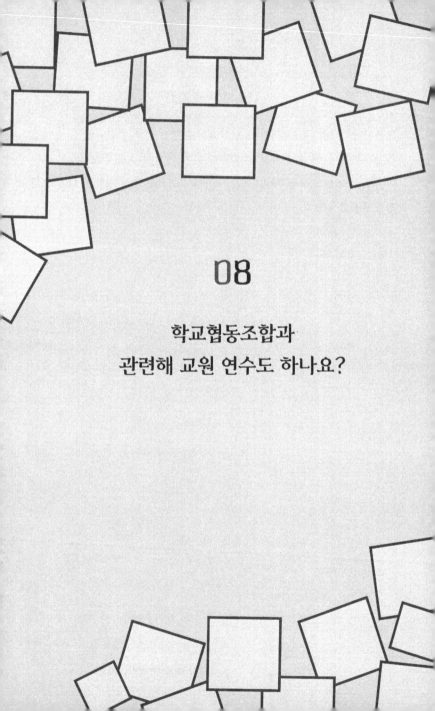

08

**학교협동조합과
관련해 교원 연수도 하나요?**

학교협동조합을 먼저 시작한 서울, 경기, 강원도는 2015년부터 교원 연수를 진행하고 있습니다. 서울교육연수원에서는 2015년 원격 연수를 개발하여 2016년부터 개설하고 있습니다. 한국교원연수원에서도 마을교육공동체로 원격 연수 개설을 준비 중인데, 이 중 학교협동조합이 들어가 있기도 합니다.

다만 교원 연수는 딱딱한 이론 전달보다 학교협동조합과 사회적 경제 기업을 탐방하고 직접 교안을 작성해보는 방식을 권합니다.

초·중·고등학교 교사가 모여 사회적 경제 교육과 학교협동조합 교육을 고민한 현장을 엿볼까요? 초·중·고등학교 교사가 모여서 각각 교사 모둠을 만들어 교안을 발표했습니다. 초등학교 교사 모둠은 알뜰시장을 운영한 후 사회적 경제 체험 프로그램과 학교협동조합의 친환경 교육 프로그램을 발표했고, 중등·특수학교 교사 모둠은 학교협동조합 설립을 위한 '학부모 교육 프로그램'을 소개했습니다. 또한 고등학교 교사 모둠은 공정무역 초콜릿을 학교협동조합 매점 판매 품목으로 선정하는 과정에 필요한 교육 프로그램을 발표했습니다.

협동조합에 대해 관심이 많고, 이에 긍정적인 선생님들과 함께 수업에 참여했다고 밝힌 한 교사는, "교안을 만드는 과정에서 협동조합에 대해서 조금 더 알기 위해 서로 질문도 하고 많은 이야기를 나눌 수 있었다."고 말했습니다(세모편지, 2015).

다음은 이러한 방식으로 진행한 학교협동조합 교원 연수의 예입니다. 15시간 1학점 교사 연수로 진행했고, 1일차에는 〈사회적 경제 배경과 의미〉(1.5시간), 〈학교협동조합 이해〉(1.5시간)로 이론 강의 교육을 넣었지만, 〈지역 사회적 경제 기업 탐방 워크숍〉(3시간), 〈마을 공동체 탐방〉(3시간)으로 현장을 둘러보며 직접 느낄 수 있도록 했습니다.

또한 〈사회적 경제 교재 안내 및 교육 방법〉(3시간), 〈사회적 경제 교안 작성 실습 및 발표〉(3시간) 등 교사들이 직접 학교협동조합 내지 사회적 경제 교육에 대해 스스로의 교육 방법으로 재구성할 수 있도록 했습니다. 앞으로 지역마다 이러한 교원 연수가 더욱 많아지리라 기대해봅니다.

교시 날짜	1교시 09:00~	2교시 10:00~	3교시 11:00~	4교시 12:00~	5교시 13:00~	6교시 14:00~	7교시 15:00~
1일차	사회적 경제 배경과 의미	학교협동조합 이해		점심	지역 사회적 경제 기업 탐방 워크숍		
2일차	사회적 경제 교재 안내 및 교육 방법			점심	사회적 경제 교안 작성 실습 및 발표		
3일차	마을 공동체 탐방			수료식			

4장

학부모들은
이런 것들이 궁금해요

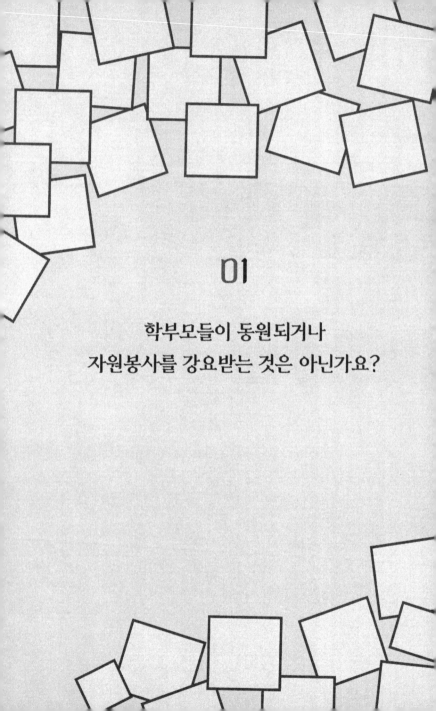

01

학부모들이 동원되거나
자원봉사를 강요받는 것은 아닌가요?

학부모 입장에서는 학교에서 연락이 오면 덜컥 겁이 나거나 부담스러운 경우가 많습니다. 실제 국민권익위원회(이하 권익위)가 2017년 3월에 발표한 '학부모 학교 참여 활동' 관련 민원 분석 결과에도 이런 부분이 그대로 드러나 있습니다. 권익위가 국민신문고(2014년 1월~2016년 2월) 등을 통해 들어온 민원 175건을 분석한 결과에 따르면, 봉사활동을 의무적으로 할당하고 있는 데 대한 이의 제기가 39.4퍼센트(69건)로 가장 많았고요, 심적 부담 등이 32.6퍼센트(57건), 불법 찬조금 모금 12.0퍼센트(21건)로 나타났습니다. 신학기 학부모 총회에 참석하는 것도 부담스럽다는 분들 역시 많이 접합니다.

이런 가운데 학교협동조합 이야기를 하면, 취지는 좋지만 또 학부모들의 자원봉사를 요구하는 것이 아닌가 하며 걱정부터 앞서는 경우가 많습니다. 하지만 학교협동조합은 이 책 1장의 '협동조합, '협동농장' 아닌가요?'에서 설명했듯이 봉사 단체가 아니라 엄연한 사업체입니다. 자원봉사만으로 움직이는 조직이 아닙니다. 협동조합을 비롯한 사회적 경제는 사회문제를 사업적인 관점에서 풀어갑니다. 함께하는 이들은 경제적으로 참여하고 경제적인 혜택을 받을 수 있습니다.

따라서 오히려 학부모들 중 출산과 육아 등으로 경력이 단절되었던 분들에게는 내 아이가 다니는 학교에 좋은 일자리가 생기는 셈입니다. 맞춤형 마을 일자리일 수 있죠. 경력 단절 여성이 다시금 사회

생활을 하고 싶지만 하루에 4~5시간 정도 시간을 내서 일할 수 있는 일자리를 찾기는 어렵습니다. 우리나라처럼 야근이 일상화된 곳에서는 '칼퇴근'도 어려운데, 자신의 생활 리듬에 맞는 적은 시간의 일자리를 찾기는 더더욱 어렵죠. 또 찾았더라도 보람을 느끼기 어렵거나 집에서 거리가 너무 먼 경우도 많습니다.

학교협동조합은 학부모와 지역 주민들의 입장에서는 좋은 일자리가 되는 곳이기도 합니다. 물론 아직은 학교협동조합이 초기 단계이기에 의미에서뿐 아니라 고용 안정성과 급여 수준에서 질 좋은 일자리로 자리 잡기까지는 시간이 필요합니다.

또 참여하는 모든 분이 적정 수당을 받아가거나 안정된 일자리를 갖지는 못합니다. 협동조합 매점의 경우 보통 1명의 풀타임 매니저와 2명의 아르바이트를 두는 경우가 많습니다. 학생 수와 판매 물품에서의 친환경 제품 비중 등에 따라 매출과 마진율이 달라지기 때문에 이런 부분은 획일적으로 이야기하기가 어렵습니다.

그래서 경제적인 보상만이 아니라 비경제적인 보상에 대해서도 많이 고민해야 합니다. 이 부분은 학교 활동에 참여한 분들에 대한 학교 구성원들의 인정과 의사 결정에 참여하면서 얻는 효능감이 중요합니다. 학부모들이 학교 안에서 이뤄지는 봉사를 꺼리는 것은 학교의 참여 주체로서 함께 논의하고 결정한다는 느낌보다는 이미 결정된 일을 떠맡는다는 느낌 때문일 것입니다. 그 일에 대한 적정한 가치 평가도 되지 않은 채 말이죠. 또한 워킹맘도 많은 상황에서 봉사가 일률적으로 의무가 되는 상황도 버겁고요.

따라서 학교협동조합을 시작할 때 적정한 사업계획을 세우고, 일자리로 참여할 수 있는 경우와 봉사활동으로 참여하는 경우 등을 미리 그려볼 수 있습니다. 얼마만큼의 시간과 노력이 들어갈지도 미리 이야기해보고요. 이 부분은 외부의 컨설턴트가 해주는 게 아닙니다. 앞서 학교협동조합을 시작한 분들에게서 적절한 정보를 들을 수 있고, 필요한 경우 의견을 모아 정리할 수 있습니다. 현재 학교 구성원들이 처한 상황과 참여할 수 있는 인력과 자원에 대해서는 함께하는 이들이 서로 이야기하고 공유하면 해결 방법이 도출될 수 있습니다.

따라서 3~6개월 정도의 시간을 들여 함께 공부하고 논의하고 준비하는 과정을 권합니다. 그 과정에서 '이 정도라면 해볼 수 있겠어.' 혹은 '조금은 힘들더라도 내가 하고 싶은 일이야.'라고 시작하는 이들이 생겨날 수 있고요.

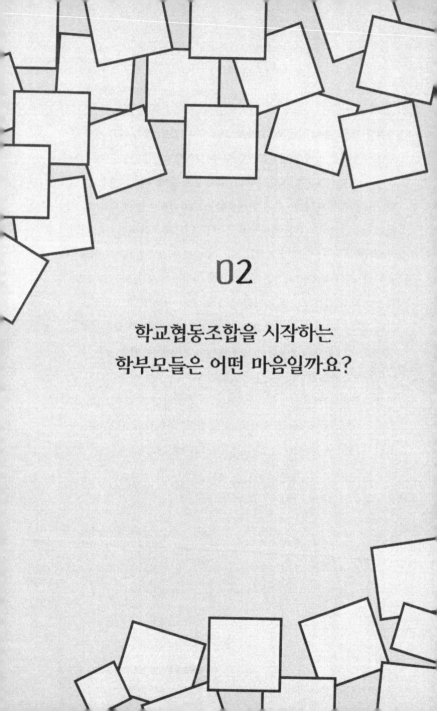

02

학교협동조합을 시작하는
학부모들은 어떤 마음일까요?

앞서 학생과 교사만큼이나 학부모들 역시 학교협동조합을 시작하게 된 계기는 다양합니다. 학부모 입장에서 학교협동조합을 생각하고 시작한다는 것은 쉽지 않습니다. 자원봉사로 그치지 않을까란 두려움뿐만 아니라, 학교 일에 관여한다는 것 자체가 쉽지 않은 일이기 때문입니다.

2012년부터 실질적으로 협동조합 매점을 운영하면서 전국 최초의 학교협동조합 모델을 구현한 서울 구로구 영림중학교의 경우, 시작은 학부모들의 책 읽기 모임이었습니다.

10년 전부터 구로에서 책 읽기 모임을 함께하며 내 아이만이 아니라 다른 아이들까지 품게 되었습니다. 그러면서 중학교에 올라가면 학교에서의 섭식 기회가 절대적으로 많아지는데, 집에서 아무리 좋은 음식을 먹여도 학교에서 질 낮은 음식을 먹는다면 '밑 빠진 독에 물 붓기'와 다름없다는 사실을 깨달았습니다. 특히 학교 매점에서만 유통되는, 시중에서는 거의 보기 힘든 제조사의 제품들이 큰 문제였습니다. 500~600원짜리 튀김과자, 1000원짜리 햄버거나 피자 등이 그런 것들이었죠.

하지만 매점 주인도 사정은 있었습니다. 아이들이 적은 용돈으로 사 먹는 데다, 하교 시간도 일러 판매할 시간이 길지 않았습니다. 그런 상황에서 수익을 올리려다 보니 어쩔 수 없이 아이들이 많이 찾고 마진도 많이 남는 제품을 들여올 수밖에 없었습니다. 정체를 알 수 없는 간식거리를 그대로 두자니 찜찜하고, 그렇다고 마냥 매점 주인만 탓할 수도 없는 상황이었습니다. 돈이 안 된다는 이유로 시장에서는 고품질의 간식을 꺼리는 데다, 국가가 매점의 먹거리 문제까지 해결해주리라 기대할 수도 없는 상황이었습니다. 결국 학부모들은 자신들이 직접 나서 방안을 모색해보자고 팔을 걷어붙였습니다.

이처럼 그냥 지켜만 볼 수 없고, 지나칠 수 없는 마음들이 모이면 변화를 만들어냅니다. 혼자서 학교를 바꾸겠다고 생각했다면 엄두도 못 낼 일입니다. 하지만 '나라도 한번 나서볼까?', '내가 나서면 옆의 사람도 함께하면서 해볼 만하지 않을까?'라는 마음이면 시작할 수 있습니다.

2005년 지하철역에서 한 노인이 전동차에 끼여 꼼짝달싹 못한 사고를 찍은 CCTV 영상이 있습니다. 구조대를 부르기엔 시간이 급박했는데, 어느 순간 한 사람이 전동차를 밀기 시작합니다. 그러자 근처에 있던 승객들도 다 달라붙고, 곧이어 전동차 안에 타고 있던 사람들까지 나와서 가세합니다. 절대 움직이지 않을 것 같은 전동차가 서서히 움직이고 노인은 구출됩니다. 될지 안 될지 모르지만 나라도 한번 나서볼까 하는 마음이 그래서 참 중요합니다.

초등학교의 방과 후 학교협동조합 모델인 부산 금성초등학교협동조합도 이러한, '나라도 한번 나서볼까?'의 마음이 참 중요했습니다. 학생 수가 적고 불편한 지리적 환경에 돌봄, 방과 후 강사가 잘 오지 않고 오더라도 계속 바뀌는 불안정한 상황이었습니다. 그런 가운데 누군가가 학부모들끼리 돌봄과 방과 후 프로그램을 진행해보는 것은 어떨까 하며 나서봅니다. 찾아보니 학부모 중 미술 전공자가 4명 있었습니다. 이들이 직접 프로그램을 짜서 자연미술 스터디를 시작합니다. 학부모들은 이야기합니다. "혼자서는 완벽하지 않지만 각각 할 수 있는 것이 달랐기에, 그것을 모으자 굉장한 시너지가 발휘될 수 있었다."라고요.

누군가 시키지도 않았는데 "나 옛날에 그거 해봤어." 하면서 방과 후 프로그램을 만들어옵니다. 밤을 새우면서까지 "이거 어때, 이거 어때?" 하고 묻는 분도 있습니다.

학교 안에는 다양한 문제들이 있습니다. 모든 문제를 우리가 다 풀 수는 없습니다. 우리 사회 역시 다양한 문제들을 안고 살아가니까요. 그렇지만 조금씩 용기를 내고, 서로 간의 자원을 모으면 의외로 풀리는 문제들도 있습니다. 그리고 그 경험은 학생뿐 아니라 어른들에게도 소중한 경험으로 남습니다. 협동의 즐거움과 성과를 맛본 이들이라면 힘들더라도 또 다른 곳에서 새로운 시도를 해보니까요. '에이, 내가 뭘 하겠어.'가 아니라 '나라도 한번 나서볼까?' 하는 마음. 그렇게 변화는 시작됩니다.

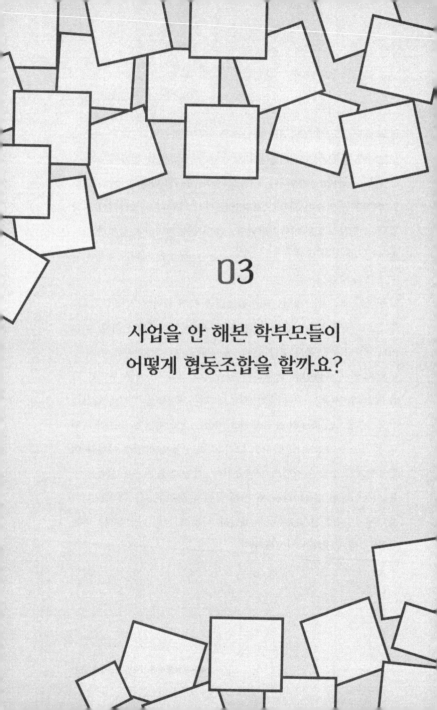

03

사업을 안 해본 학부모들이
어떻게 협동조합을 할까요?

여기까지 읽고 나서 엉덩이가 들썩들썩하다가도 갑작스레 주저하는 분들이 있습니다. "평생 사업 한 번 안 해봤고 회사 일한 지도 오래되었는데…… 해보지도 않았던 일을 어떻게 시작할 수 있을까?" 하며 주저하는 경우입니다.

누누이 이야기하듯이 협동조합은 사업체입니다. 따라서 크든 작든 하나의 기업을 운영하기 위해 고려해야 할 부분이 많습니다. 어느 정도 매출도 필요하고, 사업적 아이디어도 있어야 하고, 제대로 운영하기 위한 노력도 필요합니다. 심지어 출자금을 몽땅 잃을 파산 위험도 존재한다는 사실을 함께 인식해야 하죠.

그럼에도 학교협동조합은 협동조합 분야 중에서도 사업적 성공 가능성이 높은 축에 속합니다. 공간적 독점의 특성을 가지고, 조합원들의 동질성이 강하기 때문입니다. 또한 학생, 학부모, 교사가 함께 소유하고 운영하는 과정에서 여러 경쟁력이 생기기도 합니다. 공동구매로 가격 협상력이 발생하기도 하고, 상품과 서비스를 맞춤형으로 제공하는 만큼 정보 탐색 비용과 재고를 줄일 수 있습니다.

그렇지만 이 장점만으로 학교협동조합의 고민이 모두 풀리는 것은 아닙니다. 학교협동조합 역시 사업적으로 지속가능성을 늘 고민해야 하기 때문입니다. 친환경 상품 하나를 판매하더라도 학생들을 위한 마케팅을 고려해야 하고, 학생들의 구매 능력, 선호도 등을 따져봐야 합니다.

다행히 이런 부분과 관련해 앞선 사례들이 쌓이면서 시행착오를 줄일 수 있는 운영 매뉴얼도 나오고 있습니다. 또한 처음 시작하는 분들을 위한 교육도 생겨나고 있습니다. 협동조합의 장점은 '이어달리기'에 있습니다. 혼자서는 하기 어려운 일도 서로의 이어달리기를 통해 해낼 수 있습니다. 처음부터 내가 모든 것을 다 해야 한다고 생각하면 숨이 턱턱 막힙니다. 사업을 해보지도 않았고, 협동조합이란 조직 자체도 생소하고, 거기에다 학교의 특성상 여러 가지 고려해야 할 부분도 많고, 사람들은 다 내 마음 같지 않죠. 모든 것을 그만두고 싶은 마음이 가득할 수 있습니다.

하지만 우리는 협동조합을 혼자 하는 게 아닙니다. 함께할 사람들을 모집하고, 같이 해나갈 사람들과 역할을 나눠야 합니다. 도움을 요청해야 합니다. 내가 할 수 있는 부분, 다른 사람이 할 수 있는 부분을 서로 찾아내 퍼즐을 맞추듯 맞춰야 합니다. 앞으로 5장과 6장에서는 실제 학교협동조합을 설립·운영하면서 겪게 될 일들을 다시 설명하겠습니다. 우선은 '내가 모든 것을 다 해야지, 다 책임져야지.' 하는 부담감을 내려놓는 데서부터 시작하는 것이 중요합니다.

서울시 교육청의 경우 2017년 3월 전국에서 최초로 학교협동조합 지원센터를 설립하기도 했습니다. 학교협동조합지원센터는 서울시 은평구의 혁신파크에 있으며, 학교협동조합 전문가 2명이 상주하며 다음과 같은 역할을 수행하고 있습니다(☎ 070-4771-0128~9).

구분	역할 및 기능
홍보 및 연수	- 학생·학부모·교직원에 대한 학교협동조합 사례 홍보 - 학교협동조합 홍보 자료 배포 지원
설립 지원	- 학교협동조합 초기 설립 절차에 대한 안내 - 창립총회 등 맞춤형 교육 지원 - 설립 절차, 등기 등의 과정 교육
교육 및 네트워크 운영	- 학교협동조합 조합원 교육 지원 - 학교협동조합 강사풀 구성·관리/맞춤형 기초 컨설팅 및 지원 - 학교협동조합 네트워크 운영 지원 - 지역별 자원, 정보 공유 및 협업 체계 유지 - 단계별 실무 지원과 경영, 홍보, 법률 등 현장 중심 실무 지원
기타 업무	- 학교협동조합 각종 행사 업무 지원 / 민관 협의회 운영 지원 - 학교협동조합 포럼, 워크숍, 운영 보고회 등 업무 지원 - 학교협동조합 실태 조사 실시 - 총회 회의록 공증 면제 업무 - 이 밖에 다양한 학교협동조합 활성화 사업 업무 지원

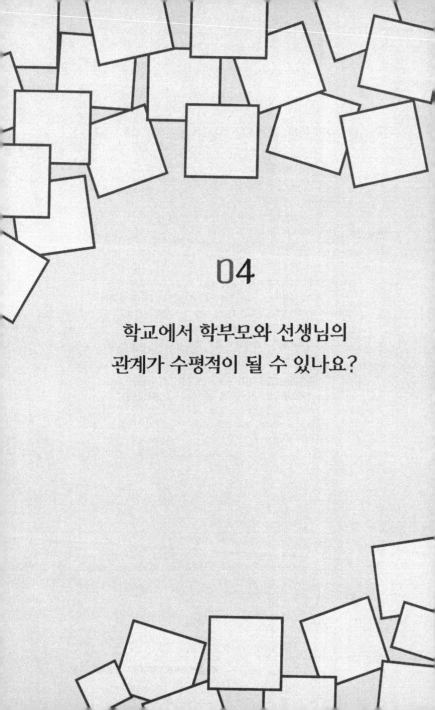

04

학교에서 학부모와 선생님의
관계가 수평적이 될 수 있나요?

이것 역시 학부모들이 걱정하는 부분입니다. 일부 학부모를 제외하고는, 학생을 맡겨놓은 부모 입장에서 약자일 수밖에 없다고 생각할 수 있습니다.

하지만 정작 교사, 학부모, 학생들을 모두 만나니 서로가 서로를 어려워하는 부분들이 있더라고요. 교사 입장에서는 학부모가 민원을 제기하는 고객처럼 느껴질 때도 많습니다. 학교에서 문제가 생기면 모든 게 교사의 책임인 것처럼 학부모가 말했을 때 상처를 받았다고 토로하는 교사도 많고요.

교사, 학부모, 학생 어느 한 주체가 절대적인 권력을 가지고 있는 것은 아닙니다. 그래서 학교협동조합의 학생 조합원이 "어른들도 상처 받는다는 걸 깨달았어요. 그 전에는 우리는 아무 이야기나 다 할 수 있고, 교사와 학부모가 이를 다 수용해야 한다고 생각했는데 그렇지 않더라고요."라고 말하기도 했습니다.

앞서 이 책의 3장, '교장 선생님, 행정실과의 관계는 어떻게 풀어가나요?'에서 말했듯이 서로 간의 입장에 대한 이해와 소통이 오해를 줄이고 협력할 수 있는 가장 기초적인 부분이라고 생각합니다.

실제 학부모들도 학교협동조합을 하기 전에는 학교에서 진행되는 일들에 대해 '왜 저걸 하지?'라는 생각을 많이 합니다. 하지만 몸으로 경험하면서 생각이 달라지고 이해하게 되는 부분들이 생기죠. 교사들이 처한 상황에 대해서도 더 이해하게 되고요.

이런저런 사안들을 경험한 학부모들은 아이들한테 조금이라도 좋은 것을 해주려고 애쓰게 되고, 학교의 전반적인 상황을 이해하게 됩니다. 학부모 임원은 교사와 학생, 학부모 사이의 의사 소통이 어려운 상황에서 서로를 이해하는 폭이 넓어졌다는 것이야말로 학교협동조합의 가장 큰 이점이라고도 말합니다.

이처럼 학교협동조합에서 벌어지는 참여와 소통은 학교를 좋은 쪽으로 변화시키는 출발점이 됩니다. 혁신학교에서 참여와 소통을 강조해온 이유죠. 혁신학교의 진정한 힘은 학생, 학부모, 교사의 적극적인 참여와 수평적인 소통 속에서 학교의 상을 그려가는 것이니까요.

이러한 혁신 교육과 교육 운동의 경험은 학부모들을 학교의 주체로서 다시 태어나게 만듭니다. 학부모들부터 교육에 관심을 가지고 자발적으로 참여하지 않으면 새로운 교육의 상을 그려낼 수 없기 때문입니다.

물론 당연히 주인으로서 참여할 통로가 없는데 주인의식만 가지라고 할 수도 없습니다. 이런 상황에서 학교협동조합은 1인 1표의 동등한 의사 결정권을 가진 진정한 주인으로 학부모를 호명할 수 있는 기회의 장이 될 수 있습니다. 또한 학교협동조합은 학교 안에서 교실과는 또 다른 공간을 만들어냅니다. 학부모, 지역 주민도 자연스럽게 스며들 수 있고, 방문할 수 있는 학교의 새로운 공간이죠.

공동체란 게 본래 갑작스레 만들어지는 것이 아니잖아요. 사람들이 모였다고 곧바로 협동조합을 운영할 수 있는 것도 아니고요. 사람들마다 공동체를 통해 달성하고자 하는 바가 다를 수 있기 때문입니다.

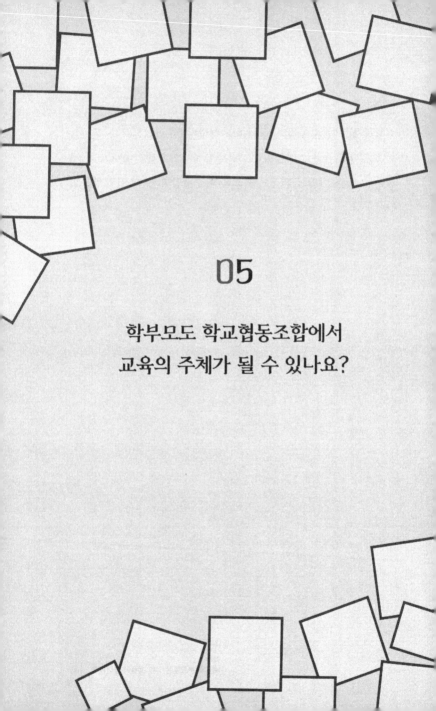

05

학부모도 학교협동조합에서
교육의 주체가 될 수 있나요?

이미 2~3장에서 이야기한 것처럼 학교협동조합에서는 다양한 교육이 이뤄집니다. 그런데 이 모든 것은 학생-교사만의 관계로 이뤄지는 것은 아닙니다. 학부모도 교육의 주체입니다. 교육을 받기도 하고요. '서로 교육'이 이루어지기도 하죠.

먼저 학교협동조합을 통해 마을과 협력해 이루어낸 교육 사례를 소개하겠습니다. 강원도 춘천의 금병초등학교협동조합인데요. 여기서는 학부모와 지역 주민 조합원이 결합해서 교과 과정 수업을 진행했습니다. 5학년 실과 '생활 속 목제품' 단원 수업 시간이었습니다. 아이들은 우리 마을에 필요한 것이 무엇일까 고민하고, 마을 어르신과 관광객이 쉴 수 있는 나무 벤치를 만들기로 했습니다. 나무를 자르는 법부터 최종 조립까지 세심하게 가르치는 선생님으로는 마을에서 목공소를 운영하는 분을 초대했습니다.

그런가 하면 금병초 졸업생이자 학부모는 2학년 학생들에게 마을의 옛이야기를 들려주었습니다. 마을의 하천이 얼마나 깊었는지, 어떤 물고기가 살았는지, 금병산의 붉은 흙으로 찰흙을 어떻게 만들었는지 등을 알려주었습니다. 그러자 5학년 선배들이 완성한 나무벤치에 2학년 동생들은 옛 마을 풍경을 그려 넣었습니다.

이처럼 학교협동조합은 마을과 학교의 징검다리도 되고 있습니다. 학교만으로도, 마을만으로도 완성할 수 없는 마을 공동체 교육이 학교협동조합 속에서 기획되고 운영되고 있습니다.

또한 이렇게 의식적으로 교육하지 않아도 학교협동조합이란 공간 자체가 주는 교육적 효과가 큽니다. 그 안에서 일하고 활동하고 학교 활동에 참여하며 학생, 교사, 학부모가 어우러져 서로에게 배우게 됩니다.

학교의 매점은 단순히 아이들에게 필요한 물건을 팔고 간식을 먹는 공간이 아닙니다. 그래서 학부모 이사장은 "학교협동조합을 통해 아이들의 휴식 공간을 마련하고, 나아가 다양한 활동을 펼칠 수 있는 장을 마련"했다고 말합니다(《문화저널21》, 2016).

학부모들이 학교에 상주하면서 학생들과 이야기를 나누기 시작하면 내 아이만이 아닌 다른 아이들도 눈에 들어오고, 다른 아이를 통해 내 아이를 이해하게 됩니다. 굳이 무언가를 사지 않더라도 쉬는 시간마다 얼굴을 비추고 가는 아이들, 친구와 다퉜다거나 아르바이트를 하다가 다친 이야기를 하고 가는 아이들이 늘어납니다. 방과 후 운동장에서 놀다가 다쳤는데 양호실이 문을 닫았다며 학교협동조합 사무실로 와서 반창고를 붙이고 가는 경우도 있습니다.

학생들도 교사만이 아닌 학교 안의 이야기를 할 수 있는 다른 어른들이 생겨납니다. 경험의 폭이 넓어지고 함께할 수 있는 부분들이 많아집니다. 이 모든 것이 시간이 지나면 훌륭한 교육이 됩니다.

어쩌면 우리는 교육이란 말 속에 너무 많은 고정관념을 두고 있는지도 모르겠습니다. 무언가를 채워 넣고 생각하고 전달해야 한다고 생각하니까요. 학교협동조합은 함께 생활하고, 함께 일하고, 함께 느끼는 공간입니다. 그 공간은 의식적인 교육의 장이 되지 않더라도 많은 이에게 교육적인 기능을 합니다.

학부모도 학생, 교사와 소통하고 학교협동조합의 공간을 꾸며가며, 함께 소통하고 사업을 하면서 교육자로서 역할을 수행합니다. 교육 기법을 공부하지 않아도, 훈련하지 않아도 함께 교육의 주체가 될 수 있습니다. 전문적으로 훈련하고 경험을 쌓은 교사의 역할을 축소시키는 이야기가 아닙니다. 전문적인 교사의 역할은 중요하지만, 교사만으로 교육을 수행할 수 없는 사회이기 때문입니다.

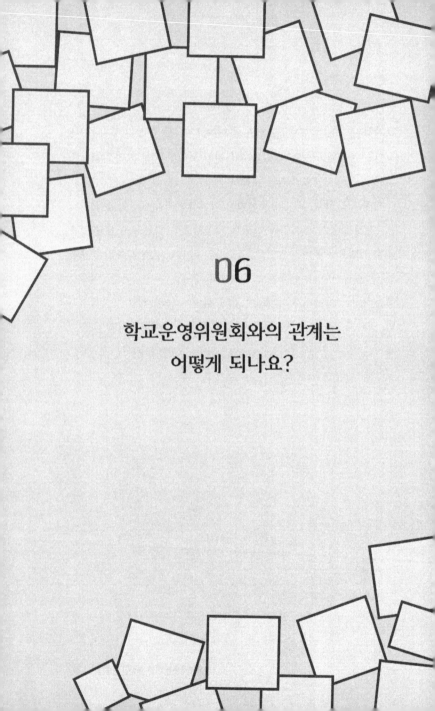

06

학교운영위원회와의 관계는
어떻게 되나요?

학교에는 학교운영위원회가 있습니다. 1995년 각 시도 의회에서 학교운영위원회에 관한 조례가 제정되면서 모든 국·공·사립의 초·중·고등학교 및 특수학교에서 설치·운영하고 있습니다.

교육부의 〈2016 학교운영위원회 길잡이〉에 따르면, "학교운영위원회는 학부모, 교원, 지역사회 및 학생의 요구를 학교교육에 적극 반영함으로써 학교운영에 대한 정책 결정의 민주성·합리성·투명성을 제고하고, 학교의 자율성과 책무성을 강화하는 제도"라고 정의하고 있습니다.

학교운영위원회는 '초·중등교육법' 및 '초·중등교육법 시행령' 등에 근거하여 설치·운영하는 법정 위원회이며, 학교장과는 독립된 기구입니다. 학교운영에 관한 주요 사항에 대해 국·공립학교의 경우는 심의하고, 사립학교의 경우는 자문하는 기구입니다.

법상 규정된 역할은 다음과 같습니다.

국·공립학교	사립학교
– 학교 헌장 및 학칙의 제정 또는 개정에 관한 사항 – 학교의 예산안 및 결산에 관한 사항 – 학교 교육과정의 운영 방법에 관한 사항 – 교과용 도서 및 교육 자료 선정에 관한 사항 – 교복·체육복·졸업 앨범 등 학부모가 경비를 부담하는 사항	아래의 사항을 제외하고 국·공립학교의 기능과 같음 〈학교법인의 요청 시 자문 사항〉 – 학교 헌장 및 학칙의 제정, 또는 개정에 관한 사항

- 정규 학습 시간 종료 후 또는 방학 기간 중의 교육 활동 및 수련 활동에 관한 사항 - '교육공무원법' 제29조의3 제8항에 따른 공모 교장의 공모 방법, 임용, 평가 등에 관한 사항 - '교육공무원법' 제31조 제2항의 규정에 의한 초빙 교원의 추천에 관한 사항 - 학교운영 지원비의 조성·운용 및 사용에 관한 사항 - 학교 급식에 관한 사항 - 대학 입학 특별 전형 중 학교장 추천에 관한 사항 - 학교 운동부의 구성·운영에 관한 사항 - 학교운영에 대한 제안 및 건의 사항 - 기타 대통령령, 시도의 조례로 정하는 사항	〈제외되는 자문 사항〉 - '교육공무원법' 제29조의3 제8항에 따른 공모 교장의 공모 방법, 임용, 평가 등에 관한 사항 - '교육공무원법' 제31조 제2항의 규정에 의한 초빙 교원의 추천에 관한 사항

서울시의 경우 2016년 '서울특별시교육청 학교 학부모회 구성 및 운영 등에 관한 조례'를 시행해서 단위 학교에서 자율적으로 학부모회를 구성하도록 하고 있습니다. 학교운영에 대한 의견 제시, 학교 교육 모니터링, 학부모 자원봉사, 학부모 교육, 지역사회와 연계한 비영리 교육 사업 등 학부모가 학교에 관련된 다양한 활동에 참여하고 지원할 수 있도록 했습니다.

그럼 학교운영위원회와 학교협동조합은 어떻게 관계를 맺을까요? 학교협동조합에서 하는 사업은 학교운영위원회의 심의(국립) 내지 자문(사립)의 대상이 되는 경우가 많습니다. 또 학교 전반의 사항을 함께 논의하는 기구이기에 학교협동조합과 협력적 관계를 가져야 합니다.

학교협동조합 임원과 학교운영위원회 위원을 동시에 맡은 활동가를 둠으로써 서로 간의 의사소통을 원활하게 하는 경우도 있습니다. 다만, 앞서의 여러 학교 기구와의 관계처럼 학교협동조합은 학교운영위원회와 수평적이고 협력적인 관계를 맺을 수 있도록 하는 게 중요합니다.

07

아이가 졸업하면
어떻게 활동해야 하나요?

아이가 학교를 졸업해도 학교협동조합의 임원으로 활동하는 학부모도 많습니다. 하지만 시간이 지나면 학교에서의 위치가 애매해지는 것이 사실입니다. 자녀가 졸업했는데도 학교에 남아 있는 학부모를 접한 경우가 없었기 때문이죠. 보통은 적정 시점에서 인수인계를 하고 지역 주민 조합원·임원으로 활동합니다.

그렇다면 중·고등학교의 경우 2년 정도, 초등학교의 경우 3~4년 정도 활동할 수 있습니다. 다른 협동조합에 비해서는 활동 기간이 짧은 편입니다. 학교협동조합의 특성이기도 하죠. 매년 새로운 구성원이 들어오고 조합원·임원이 연 단위로 바뀝니다.

이 부분은 사업적인 측면에서는 취약한 부분이지요. 새로운 구성원이 다시 업무를 익혀야 하고, 자칫 경험이 축적되지 않은 가운데 어려움을 겪을 수도 있습니다. 하지만 교육적인 면에서 본다면 계속 새로운 구성원을 협동 조합원으로 교육, 훈련시키며 사회로 배출하기에 긍정적으로 볼 수 있습니다.

3장의 '교사로서는 업무만 많아지는 것이 아닐까요?'에서 말했듯 유관 기관의 지원, 연합회를 통한 전문성 축적과 신규 구성원에 대한 교육으로 풀어가고 있습니다.

그렇다면 개인적으로 학교협동조합 활동을 했던 학부모들은 어떨까요? 조합 활동은 삶과 연결되어야 할 수 있습니다. 생협 활동가들과의 인터뷰 결과, 많은 이가 삶의 폭이 넓어진 것을 자신의 성장 동

학교협동조합에서 학부모 임원들이 모여서 회의를 하고 있다.

인으로 이야기합니다.

사실 학부모들의 경우, 처음부터 분명한 목적의식을 갖고 협동조합 활동을 하는 사람은 많지 않습니다. 그저 조금씩 관심이 넓어지고, 다양한 경험을 거치며 성장하면서 또 다른 일을 도모하는 것이죠. 그러면서 내 아이뿐 아니라 다른 아이들, 그리고 그 아이들이 사는 세상에까지 참여의 폭이 넓어지게 됩니다.

따라서 단위 학교의 학교협동조합 활동이 끝난 뒤에도 지역 학교협동조합협의회에서 활동하는 경우도 생겨나고 있습니다. 또 학교협동조합 활동을 경험 삼아 지역의 다른 협동조합에서도 활동을 하고요. 특히 전업주부 학부모의 경우 협동조합에서의 활동 경험이 사회로 복귀하는 데 징검다리 역할을 하는 경우가 많습니다. 학부모들의 참여가 증가하면서 참여자 자신의 삶은 물론 학교와 지역사회를 풍요롭게 만드는 계기가 되고 있습니다.

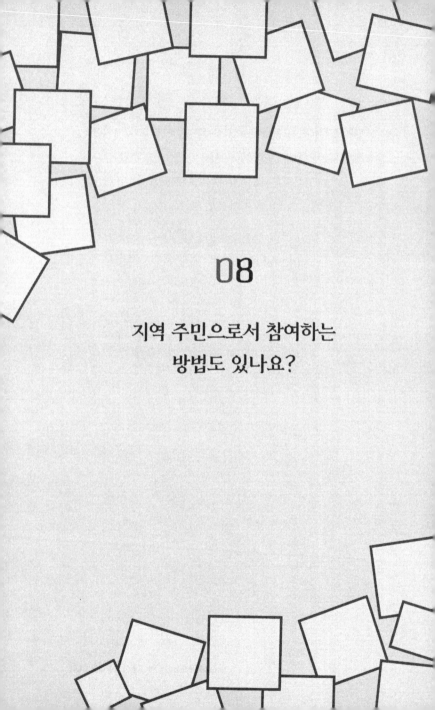

08

지역 주민으로서 참여하는
방법도 있나요?

학교협동조합에서 활동했던 학생이 학교를 졸업한 후 지역 주민 조합원·이사로서 참여하는 경우도 있습니다. 지역 주민이 사회적 경제 및 학교협동조합 강사로 결합하는 경우도 있습니다. 학교협동 조합은 강의 기회를 제공하고 지역 주민 강사 조합원은 강사료의 일정 부분을 학교협동조합에 환원하는 방식으로 선순환 구조를 만들기도 합니다. 또 지역의 협동조합 및 사회적 경제 기업 관계자들이 지역 이사로 참여해서 정보를 제공하거나 실질적인 도움을 주는 경우도 많습니다.

이런 부분은 현재 학교와 지역의 연계가 확대되는 추세이기에 더욱 활성화될 수 있습니다. 학교협동조합 간의 협동만이 아니라 지역의 다른 협동조합과 협동하는 사례도 늘고 있습니다.

일례로, 교내 친환경 매점을 운영하는 경우 지역 협동조합 및 관련 단체로부터 많은 도움을 얻을 수 있습니다. 식생활 교육을 받을수도 있으며, 특화 상품을 개발할 수도 있고요. 특히 매점의 경우 지역 생협과의 협동 사례가 활발합니다. 한살림 성남용인생협은 가격과 용량을 낮춘 맞춤형 빵을 개발해 복정고등학교에 공급하고 있고, 식생활교육팀은 학생 교육에 참여합니다. 아이쿱 역시 연합회 차원에서 학교협동조합에 공급 가능한 작은 규격의 과자, 음료, 아이스크림 목록을 적극적으로 제공하고 있고요. 2017년에는 아이쿱 자체의 청소년 사회적 경제 교육 워크북인 《더만나: 더나은 세상을 만드는 나, 너, 우리》를 만들기도 했습니다.

그런가 하면 행복중심서울에서는 기초지자체인 관악구 사회적 경제 생태계조성사업단과 함께 삼성고등학교를 비롯해 신규 학교협동조합 설립을 지원하고 있습니다. 두레생협연합회에 소속된 회원 생협들은 영림중학교와 복정고등학교 등 초창기에 설립된 협동조합 활동에 참여했으며, 신규 학교 설립 시식회에 후원도 합니다. 또한 지역의 사회적 경제 중간 지원 조직에서도 학교협동조합 사업과 교육을 지원하고 연계를 모색합니다.

꼭 매점만이 아니더라도 지역과의 결합 사례도 늘고 있습니다. 특성화고 창업 모델인 성수공업고등학교의 사례를 보겠습니다. 이곳은 지역 주민이 조합원이 되면 평생교육(자전거 정비, 스쿠터 정비) 프로그램에 먼저 선정되어 교육을 받을 수 있습니다. 또한 자가 정비실을 할인된 금액에 사용할 수 있습니다. 학교협동조합이 지역의 평생교육 공간으로 확장될 수 있는 부분을 보여주는 사례입니다.

5장

학교협동조합은
어떻게 시작해야 하나요?

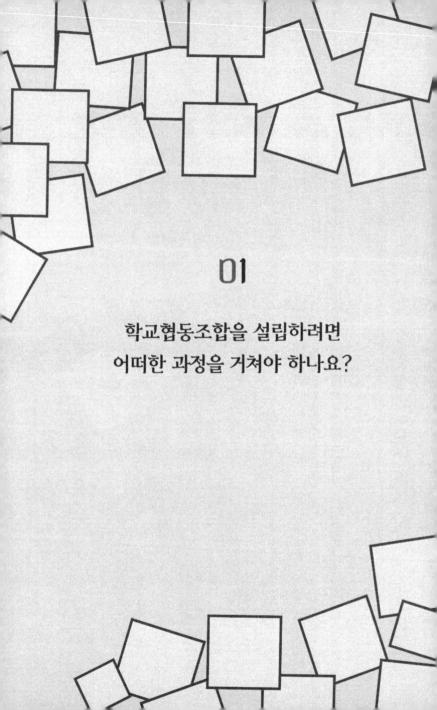

01

학교협동조합을 설립하려면
어떠한 과정을 거쳐야 하나요?

학교협동조합에 관심이 생겨서 설립을 해야지 싶다가도 어디서부터 시작해야 할지 막막하고, 누구에게 어떻게 도움을 받아야 할지 어렵게 느껴질 수 있습니다. 학교협동조합 설립 과정은 ① 사람을 모으고 논의하는 과정, ② 창립총회 준비 과정, ③ 행정 절차로 나눌 수 있습니다. 구체적으로는 다음 표와 같습니다.

구분	절차
사람을 모으고 논의	발기인 모집 정관 작성 사업계획서 작성
창립총회 준비	설립 동의자 모집 창립총회 공고 창립총회 개최
행정 절차	설립인가 신청 인가증 발급 설립 사무의 인계 출자금 납입 창립총회 의사록 공증 설립 등기 사업자 등록

먼저 학교협동조합은 학생, 학부모, 교사, 지역 주민 등이 함께 만들어가기에 이들 구성원이 함께 학교협동조합을 이해하고 자신만의

생각을 풀어놓는 과정이 필요합니다. 학생, 학부모, 교사 등을 대상으로 별도의 설명회를 하기도 합니다. 이렇게 학교협동조합에 대한 정보를 제공하고 전체적인 설명을 한 뒤에는 설립 준비 과정을 함께 해나갈 핵심 그룹으로서 발기인을 모집합니다. '발기인'이란 협동조합에 뜻을 같이하고 설립을 주도하는 사람입니다. 당연히 설립하고자 하는 협동조합의 조합원 자격을 가진 자여야 하고요.

발기인들이 모여서 협동조합의 사업과 조직의 내용 준비와 행정 준비를 차근차근 해나갑니다. 최대한 여러 사람이 함께 의논하는 게 좋지만 앞서의 집체식 강의보다는 실제 준비 주체가 되는 분들이 중심이 되어 하나씩 정하는 것이 좋습니다. 학교협동조합 이름을 정하는 문제부터 조합원의 자격 요건, 임원은 어떠한 역할을 해야 하고 어떻게 뽑아야 할지 등 논의해야 할 내용이 많습니다.

물론 이에 대한 어느 정도의 틀거리가 있습니다. 바로 '정관'이라고 합니다. 정관이란 협동조합의 조직 형태, 운영 방법 및 사업 활동 등에 관한 기본적인 사항을 규정한 최고의 자치법규입니다. 따라서 발기인들은 모여서 정관의 초안을 함께 작성하는데, 이 부분은 '표준 정관'이라고 해서 이미 어느 정도 정해진 양식이 있기에 이를 같이 공부하는 것에서부터 시작합니다.

규칙과 조직 못지않게 사업에 대한 고민도 미리 해야 합니다. 누차 이야기했듯이 학교협동조합은 동아리가 아니라, 학교 구성원들이 공동으로 사업체를 만들고 민주적으로 운영하는 것입니다.

사업에 필요한 자금은 얼마일지, 사업에 필요한 다양한 업무를 어떻게 나눠서 할지, 충분히 지속가능한 사업 모델이 나올지에 대해서 다른 학교협동조합 사례도 살펴보고 학교의 여건도 고려해서 계획을 세워야 합니다. 바로 사업계획서입니다. 물론 정관, 사업계획서 등에 대해서 발기인이 정한 대로 결정되는 것은 아닙니다. 최종적으로는 창립총회에서 결정이 됩니다. 총회란 모든 조합원이 다 같이 모여서 하는 회의, 총회의입니다. 창립하기 위해 모였다고 해서 창립총회라고 합니다.

갑자기 모르는 용어가 많이 나와서 당황스럽기도 하고 막막해지는 부분도 있죠? 2013년 영림중학교와 복정고등학교가 사회적협동조합으로 인가를 받을 때만 하더라도 교육부 관계자조차 학교협동조합이 생소해서 시행착오가 많았습니다. 하지만 지금은 전국적으로 60여 개의 학교협동조합이 설립·운영되고 있으며 많은 노하우가 쌓인 상태입니다. 서울시, 경기도와 경상남도 교육청에서 설립 매뉴얼을 발행해서 학교에 안내를 하고 있고요. 또한 각 지역의 사회적경제지원센터 등에서도 설립을 안내하고 도와주고 있습니다.

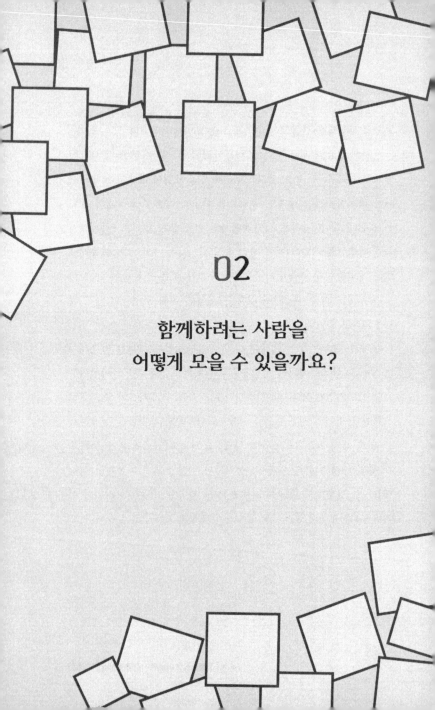

02

함께하려는 사람을
어떻게 모을 수 있을까요?

처음에는 무엇보다 함께하려는 이들을 모으는 과정이 중요합니다. 2~4장에서 설명한 것처럼 학생, 교사, 학부모가 각각 시작하게 되는 계기는 다를 수 있습니다. 따라서 가능하다면 별도의 설명회를 진행하는 게 좋습니다. 학교협동조합은 학교와 긴밀한 관계를 유지하며 협조를 받으며 만들어지기에 이러한 역할을 해줄 수 있는 교사와 교직원이 함께 발기인으로 시작할 수 있도록 학교협동조합에 대한 설명을 잘하는 것이 중요합니다. 또한 미성년자인 학생과 어른들인 교사, 학부모는 별도로 설명회를 진행할 것을 권합니다. 학생들의 눈높이에 맞는 설명이 필요하니까요. 다음은 경상남도 교육청에서 발행한 《학교협동조합 설립 매뉴얼》에 나온 발기인 모집 예시를 보완한 것입니다.

2017. 학교협동조합 발기인 모집

○○고등학교 교육 공동체(학생, 학부모, 교직원) 여러분 안녕하십니까? 가정에 평안과 행복이 가득하시기를 기원합니다. 본교는 교육 공동체 간 교육적 가치 공유와 학생 중심의 교육 복지 실현을 위해 학교협동조합을 설립하고자 합니다. 이에 학교협동조합 발기인을 모집하고자 합니다.

---

1. 발기인이란

가. 법인 설립의 발기 행위에 참여하여 업무를 추진하는 자로서 정관에 기명날인한 자

나. 5인 이상의 조합원 자격 요건을 가진 자가 발기인이 되어 정관 작성

다. 교육 3주체의 참여가 필수

1) 교직원 : 3명 내외 2) 학생 : 3명 내외 3) 학부모 : 3명 내외

라. 발기인은 구성된 이후부터 법인이 창립총회를 마칠 때까지 모든 일을 기획하고 실행함.

※ 학교협동조합은 설립인가(교육부), 법인설립 등기(관할 등기소) 등 법적 절차에 따라 신분증, 인감도장, 인감증명서 등을 제출해야 하오니 유념하여 신청해주시기 바랍니다.

2. 발기인 역할: 창립총회 개최 전까지

가. 미션, 비전 결정

나. 정관(안), 사업계획서(안), 수지예산서(안) 작성

다. 창립총회 공고 및 개최

3. 발기인 모집

가. 모집 기간 : ~ 2017. 5. 9(월)

나. 담당 : ○○고등학교 ○○○

다. 발기인 모집 인원 : ○○인으로 하며 업무의 효율을 위하여 인원 조정함.

2017. ○. ○. ○○○ 발기인 대표

보통 학부모들에게는 학부모 총회 때 설명을 드리고요. 학생은 강당에 모여 함께 설명을 듣는 경우가 많습니다. 교사도 학교 단위 교원 연수를 통해 교육을 하면서 학교협동조합에 대한 상을 공유합니다. 사실 여러 사람이 한 공간에 모여 일방적인 이야기를 듣는 대규모 집체식 교육은 많은 한계가 있습니다. 무엇보다 학교협동조합에 대한 궁금증과 동기부여가 제대로 되지 않고 억지로 학교에서 시켜서 듣고 있다는 느낌도 들 수 있습니다. 그럼에도 보다 많은 사람에게 알릴 수 있는 방법이 마땅치 않기에 택하게 되는 방법입니다.

학교협동조합이 보다 많아지고 학교 구성원들에게도 학교협동조합이 친숙하게 다가온다면 이런 집체식 교육보다는 함께 다른 학교협동조합을 방문도 하고, 반별로 수업을 하는 방식이 늘어날 수 있으리라 생각합니다.

무엇보다 수업처럼 일방적으로 듣고 있기보다는 학교협동조합에 대한 상을 서로 이야기하며 의견을 모으는 방식을 택할 수 있어야 합니다. 앞서 3장의 '학생들과 처음에 어떠한 방식으로 협동조합에 대해 이야기할 수 있을까요?'에서 말했던 것처럼 학교협동조합에 대해 자신만의 관점에서 비유적인 언어로 풀어보고, 협동조합의 중요한 3가지 키워드인 '필요', '사업', '규칙'에 대해 이야기하는 시간을 가지면 좋습니다. 학생들뿐 아니라 학부모, 교사와도 학교협동조합에 대한 서로의 생각을 나누는 방식의 교육을 추천합니다.

아울러 학교협동조합을 한다고 했을 때 앞의 2~4장에서 말했던 것과 같은 궁금한 부분이나 걱정되는 부분을 이야기 나눌 수도 있습니다. 먼저 시작한 학교협동조합 관계자를 초청해서 궁금한 질문을 던져보고 서로의 생각을 들어보는 시간을 갖는 방식입니다.

이렇게 해서 발기인을 모집합니다. 최소 5명 이상이며, 보통 10명 내외로 학생, 교사, 학부모가 고루 섞일 수 있도록 합니다.

처음부터 모든 사람이 한마음으로 모이기는 어렵습니다. 학교협동조합을 어떻게 설명하면서 함께하자고 할까 늘 고민됩니다. 너무 좋은 것만 말하는 것도 맞지 않고, 그렇다고 처음부터 앞으로 다가올 어려운 일들을 잔뜩 알려주는 것도 맞지 않기 때문입니다. 마냥 쉽거나 좋은 일만 가득하지는 않을 수 있습니다. 분명 힘든 일도 많고 어려운 일도 많지만 그럼에도 힘을 내어보는 것이고요. 학교협동조합을 운영하는 어느 교사는 "우리가 하기 전에 겁이 많이 나지, 막상 하고 나면 겁도 걱정도 덜 나기 마련이죠".라고 했습니다. 서로 걱정되거나 불편한 부분이 있다면 미리 이야기하면서 맞춰가는 것이 중요합니다. 하지만 또한 너무 앞서서 걱정만 하는 것도 맞지 않습니다. 학교협동조합 모임을 꾸리는 일, 학교 안에서 협동조합을 함께 공부하고 상상의 나래를 펴보는 일부터 시작해보면서 조금씩 알아가고 학교협동조합을 시도해보며 우리에게 맞는지 알아가기를 권합니다.

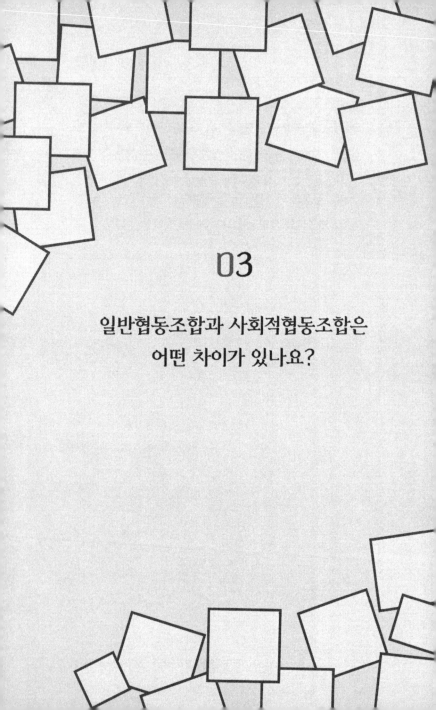

03

일반협동조합과 사회적협동조합은
어떤 차이가 있나요?

학교협동조합을 설립하려다 보면 협동조합이 일반협동조합과 사회적협동조합으로 나누어져 있다는 사실을 알게 됩니다. 먼저 협동조합에도 여러 종류가 있다는 사실을 이해해야 합니다.

협동조합 하면 우리 머릿속에 바로 떠오르는 농협, 신협 등은 별도의 법에 따라 설립됩니다. 농협은 1957년 제정된 '농업협동조합법'을 근거로 하고, 신협은 1972년 제정된 '신용협동조합법'을 근거로 합니다. 이처럼 각 분야의 협동조합을 활성화할 때마다 개별적인 법이 제정되어 1999년 '소비자생활협동조합법'까지 총 8개에 이르게 되었습니다. 그리고 2012년 '협동조합 기본법'이 시행되며 금융, 보험업을 제외하고는 5명 이상이 모이면 업종을 불문하고 누구나 자유롭게 협동조합을 설립할 수 있게 되었습니다.

'협동조합 기본법'을 통해서는 총 4개의 법인을 세울 수 있습니다. 협동조합, 협동조합연합회, 사회적협동조합, 사회적협동조합연합회입니다. 이 중 협동조합, 협동조합연합회는 영리법인으로, 사회적협동조합, 사회적협동조합연합회는 비영리법인으로 분류됩니다.

협동조합은 사회적협동조합과 구분하기 위해 일반협동조합이라고 하기도 합니다. 일반협동조합 역시 조합원의 권익을 추구하고 지역사회에 기여하기에 공공성이 강한 편이지만 현행법상 영리법인으로 분류됩니다. 사회적협동조합은 영리를 목적으로 하지 않는 비영리 조직으로 지역 주민의 권익·복리 증진과 관련된 사업을 수행하거나 취약 계층에게 사회 서비스, 또는 일자리 제공 등의 사업을 하는 특성이 있습니다. 이로 인해 일반협동조합은 배당이 가능한 데반해 사회적협동조합은 배당이 금지되어 있습니다. 또한 일반협동조합은 시도 지사에게 신고만 하면 되지만, 사회적협동조합은 정부부처의 인가를 받아야 합니다. 일반협동조합과 사회적협동조합의구체적인 차이는 다음 표와 같습니다.

	일반협동조합	사회적협동조합
설립 목적	조합원의 필요	공익적 목적
법인격	영리법인	비영리법인
설립	시도 지사 신고	기획재정부(관계 부처) 인가
감독	없음	있음
사업 내용	업종 및 분야 제한 없음 (금융·보험 제외)	공익 사업 40% 이상 수행. 지역사회 대상 주민 권익 증진, 취약층 사회 서비스 및 일자리 제공, 공공 위탁 사업, 공익 증진 사업 등
법정 적립금	잉여금의 10% 이상	잉여금의 30% 이상
배당	가능	금지
청산	정관에 따라 잔여 재산 처리	비영리법인, 국고, 상급 사회적협동조합연합회, 유사한 목적의 사회적협동조합 등 귀속
경영 공시	조합원 수 200인 이상 전 사업 결산 보고서에 적힌 출자금 납입 총액 30억 원 이상인 경우 공시 대상	필수

학교협동조합은 학교 구성원의 복리 증진을 위한 사업체인 만큼 사회적협동조합으로서의 속성이 강합니다. 학교 안의 사업이기에 교육부, 교육청과의 관련성도 커서 현재 전국적으로 만들어진 학교협동조합은 대부분 사회적협동조합으로 인가를 받았습니다. 또한 이후에 설명할 총회의사록 공증의 경우에도 비영리법인인 사회적협동조합은 일정한 요건 하에 면제를 받을 수 있으며, 학교협동조합은 이 절차에 따라 2017년부터 교육부에 공증 면제 신청을 하고 있습니다.

04

정관은 무엇이고,
어떻게 작성할 수 있나요?

앞서도 설명했듯이 정관은 협동조합의 조직 형태, 운영 방법 및 사업 활동 등에 관한 기본적인 사항을 규정한 최고 자치법규입니다. 전체 조합원이 모이는 총회에서 확정되고 변경도 가능합니다. 정관은 '협동조합 기본법'의 내용을 토대로 한 표준정관이 있습니다. 실제 각 협동조합의 특수 상황을 반영하기는 어려운 부분이 있어, 협동조합별로 다른 부분들은 정관보다는 규약과 규정을 통해서 반영합니다.

규약, 규정은 정관과 달리 신고(인가)의 의무가 없습니다. '협동조합 기본법'이나 정관에 위배되지 않는 범위 내에서 자유롭게 작성하는 그야말로 내부 규칙입니다. 그럼 둘의 차이는 무엇일까요? 규약은 총회에서 제정·변경되는 데 반해, 규정은 이사회에서 제정·변경된다는 특징이 있습니다. 총회, 이사회라는 말은 틈틈이 언급되었지만 아직 감이 잘 잡히지 않죠? 이 부분을 다시 설명해드릴게요. 그전에 이상의 내용을 표로 정리하면 다음과 같습니다.

종류	정의	효력 요건
정관	협동조합의 조직 형태, 운영 방법 및 사업 활동 등에 관한 기본적인 사항을 규정한 최고의 자치법규	총회 결의 신고(인가) 필요

규약	정관으로 정하는 것을 제외하고 협동조합의 조직과 활동에 필요한 사항을 정의한 것	총회결의 신고(인가) 불필요
규정	정관, 규약에 비하여 경미한 사항을 정의한 자치법규	이사회 결의

　　총회, 이사회, 운영위원회에 대해서는 뒤에서 다시 설명하도록 할게요. 표준정관은 기재부에서 만든 협동조합 포털사이트(www.coop.go.kr 〉 알림마당 〉 자료실)에서 받을 수 있습니다.

　　보통 학교협동조합으로 많이 택하는 사회적협동조합의 정관은 총 73조항으로 다음과 같이 구성됩니다.

> • 제1장 총칙
> • 제2장 조합원
> • 제3장 출자와 경비 부담 및 적립금
> • 제4장 총회와 이사회
> • 제5장 임원과 직원
> • 제6장 사업과 집행
> • 제7장 회계
> • 제8장 합병 · 분할 및 해산

제1장 총칙은 우리 협동조합의 이름과 목적, 소재지 등 일반적인 내용이 들어갑니다. 제2장과 제3장은 조합원의 자격과 조합원으로서 부담해야 할 출자금, 경비 부담 등에 대해 규정하는 장입니다. 다음으로 제4장은 협동조합의 의결기관인 총회와 이사회, 그리고 제5장은 협동조합의 집행기관인 임원과 직원에 대해 규정하고 있습니다. 이 의결기관과 집행기관은 협동조합의 독특한 구성 요소로서 이는 뒤에서 다시 설명하겠습니다.

　이렇듯 정관에서는 함께하려는 사람인 조합원부터 시작해서 이들이 모여서 구성하는 의결기관, 집행기관에 대해 순차적으로 규정하고 있습니다. 그런 뒤에야 협동조합의 사업 부분이 등장합니다. 제6장 사업과 집행, 제7장 회계입니다. 제8장은 합병·분할 및 해산에 대한 내용입니다.

　표준정관은 세부적인 내용이 모두 들어가 있기에 협동조합의 이름, 조합원의 자격, 임원의 숫자, 구체적으로 할 사업 등을 공란에 정해서 채워 넣으면 됩니다. 협동조합의 자율성이 많이 제약되는 부분입니다. 앞으로는 학교협동조합처럼 각기 다른 협동조합의 특징에 따른 유형별 정관 예시가 정리되어야 할 부분입니다. 그렇지만 빈칸 채우기만 하기보다는 정관을 함께 공부하면서 협동조합에 대해 이해하는 시간으로 하면 좋습니다.

다음 표는 제2조 목적과 관련한 예시입니다. "건강·사랑·나눔·자유·상생의 교육과 삶의 가치를 지향"한다는 부분이 눈에 띄죠?

표준정관	예시
제2조(목적) ○○사회적협동조합(이하 '조합'이라 한다)은 자주적·자립적·자치적인 조합 활동을 통하여 _____를 위하여 2명 이상의 서로 다른 이해관계자들이 모여 _____을 목적으로 한다.	제2조(목적) **고등학교 사회적협동조합(이하 '조합'이라 한다)은 자주적·자립적·자치적인 조합 활동을 통하여 건강·사랑·나눔·자유·상생의 교육과 삶의 가치를 지향하고 조합원의 권익 향상과 복지 실현을 도모하여 지역사회의 교육 다양성과 마을 경제 활성화에 기여함을 목적으로 한다.

다음은 제10조 조합원의 자격 및 유형에 대한 예시입니다. 생산자 조합원은 앞서 살펴본 특성화고등학교와 영월초등학교의 예처럼 직접 생산 활동에 참여하는 조합원입니다. 소비자 조합원은 조합에서 생산한 상품과 서비스를 소비하는 조합원으로, 협동조합 매점을 이용하는 학생들을 생각하면 되고요.

표준정관	예시
제10조(조합원의 자격 및 유형) ① 조합의 설립 목적에 동의하고 조합원으로서의 의무를 다하고자 하는 자는 조	제10조(조합원의 자격 및 유형) ① 조합의 설립 목적에 동의하고 조합원으로서의 의무를 다하고자 하는 ○○학교의 학생

합원이 될 수 있다.

② 조합원의 유형은 다음 각 호와 같다.

1. 생산자 조합원: 조합의 생산 활동 등에 함께 참여하는 자

2. 소비자 조합원: 조합의 재화나 서비스를 이용하는 자

3. 직원 조합원: 조합에 고용된 자

4. 자원봉사자 조합원: 조합에 무상으로 필요한 서비스 등을 제공하는 자

5. 후원자 조합원: 조합에 필요한 물품 등을 기부하거나 자금 등을 후원하는 자

과 학부모, 교직원 그리고 지역 주민은 조합원이 될 수 있다.

② 조합원의 유형은 다음 각 호와 같다.

1. 생산자 조합원: 조합의 생산 활동 등에 함께 참여하는 자

2. 소비자 조합원: 조합의 재화나 서비스를 이용하는 자

3. 직원 조합원: 조합에 고용된 자

4. 자원봉사자 조합원: 조합에 무상으로 필요한 서비스 등을 제공하는 자

5. 후원자 조합원: 조합에 필요한 물품 등을 기부하거나 자금 등을 후원하는 자

05

총회, 이사회, 운영위원회는 어떻게 꾸리나요?

앞서 창립총회 이야기도 했고, 학생들도 이사로서 이사회에 참여한다는 것도 말했습니다. 잠깐씩 나왔던 부분이지만 여기에서 다시 정리해보죠.

협동조합에는 의결기관과 집행기관이 있습니다. 이들 기관은 쉽게 설명해서 회의체라고 보면 됩니다. 협동조합을 공동의 필요를 사업으로 한 규칙 있는 모임이라고 할 때 '규칙 있는 모임'에 대응하는 기구입니다. 모여서 논의하는 자리. 협동조합에서는 이러한 회의가 크게 3개 있습니다. 바로 총회, 이사회, 운영위원회입니다.

실제로 협동조합을 해나가려면 먼저 이 회의 체계를 이해하고 회의의 틀을 갖추는 일이 매우 중요합니다. 협동조합 활동은 회의에서 시작해서 회의로 끝난다고 해도 과언이 아니기 때문입니다. 그래서 우스갯소리로 협동조합 활동가들을 '회의주의자'라고 부르는데, 그만큼 회의는 협동조합에서 일상화된 요소로서, 회의의 속성을 이해하고 효율적인 회의 진행 방법을 모색하는 일이 필요합니다.

총회는 모든 회의를 총괄하는 회의로, 최소 1년에 한 번 이상 열도록 되어 있습니다. 전체 조합원의 과반수 출석과 출석자 과반수의 찬성으로 의결되는데, 정관의 변경 및 협동조합의 합병·분할·해산 등 특별히 중요한 안건에 대해서는 과반수 출석과 출석 조합원의 3분의 2 이상의 찬성으로 강화되어 있습니다. 즉 중요한 안을 최종적으로 승인하는 등 전체 조합원과 반드시 공유하고 결정해야 하는 회

의이죠.

하지만 인원이 일정 이상 된다면 모든 회의를 다 총회에서 할 수 없을 것입니다. 그래서 총회 밑에 이사회를 두어 보다 신속성을 확보하고 업무를 집행할 수 있도록 해두었습니다. 이사회는 결국 임원인 이사들의 모임으로, 임원인 이사가 협동조합의 대표성을 가지고 먼저 총회에 올릴 안건을 논의해서 안을 만들고 신속히 집행되어야 할 부분을 결정하는 회의입니다. 그래서 정관과 규약같이 큰 부분에서 협동조합의 방향을 정하기에 총회에서 결정을 하고, 규정은 정관이나 규약에 비해 경미한 사항을 다루므로 이사회에서 정하도록 하는 것이죠. 조합원이 10명 미만이면 법상 이사회를 두지 않을 수도 있습니다. 총회와 이사회가 거의 일치하기 때문입니다.

하지만 총회와 이사회의 위상이 다르기에, 대체로는 조합원이 10명 미만이어도 이사회를 두기를 권해드립니다. 다음은 한 학교의 이사회 구성 비율입니다. 학생의 경우 등기이사보다는 비등기이사로 이사회 활동을 할 수 있도록 하는 경우도 있습니다. 보통 '비등기이사'라고 하면 주식회사에서 이사, 전무이사, 상무이사 등 회사 내에서는 이사로서 직급을 가지지만, 이사회의 구성원으로는 등록되지 않은 이사를 말합니다. 하지만 학교협동조합에서는 실질적으로는 이사로서 의결권을 가지지만 미성년자로서 행정상의 어려움 때문에 등기하지 않은 이사를 말합니다.

학생	교사	학부모	지역 주민	총계
4	2	3	1	10

　마지막 회의로 '협동조합 기본법'상의 필수적인 기관은 아니지만, 통상적으로 만드는 운영위원회가 있습니다. 이사회는 이사들의 모임으로서, 모든 조합원이 이에 포괄되지 않기에 조합원들의 의사를 반영하기 어려울 수 있습니다. 따라서 운영위원회를 통해 이를 보완하고, 구성원들의 역할을 분배하도록 합니다. 즉 조합원들의 역량과 관심사에 따라 각기 다양한 운영위원회를 꾸리고 개별 모임을 진행하는 것이죠. 이때 운영위원회는 주제별 분과위원회(교육홍보위원회, 사업기획위원회 등)일 수도 있고, 구성원별 조직위원회(학생위원회, 교사위원회, 학부모위원회 등)의 형태를 띨 수도 있습니다.

　운영위원회의 활동은 협동조합에 조합원 참여가 활발하게 이루어지기 위해서 매우 중요합니다. 이사회는 선출된 제한된 수의 이사들로 구성되지만, 운영위원회는 조합원들이 좀 더 쉽게 참여할 수 있는 구조이기 때문이지요. 조합원이 되고 첫 학기에 운영위원회 활동을 먼저 하고 역량을 쌓은 후에 다음 학기에 이사 선거에 나가는 경우도 많습니다. 이사들이 각기 관심사에 따라서 다양한 운영위원회에 속해서 활동하면서 이사회와 운영위원회를 연계하는 역할을 하는 것도 중요하고요.

다음은 매점 사업을 하는 한 학교협동조합의 분과위원회 활동 내용입니다. 표에서 보듯이 학생들의 분과위원회 활동을 교육과정 속에서 보장할 수 있고, 생활기록부 기록 등을 위해 정식 동아리로 이 활동이 속한 경우도 있지만 정식 동아리가 아닌 가운데 분과위원회 활동을 하는 경우도 있습니다.

분과위원회	주요 활동	정식 동아리 여부
사무국	매점 운영 협동조합 주요 행사 진행	X
교육홍보분과	협동조합 교육과 홍보 먹거리 교육 수업 진행	O
창업지원분과	학생 창업 페스티벌 진행 매점 상품 개발 및 시식회 진행	O
TF팀	단발성으로 필요에 따라 인원을 모집하여 활동	X

이렇듯 협동조합의 의사 결정은 층층이 모임들이 모여 이루어지며, 결국 의견이 수렴되고 올라가는 형태로, 안건이 상정되는 과정은 조합원 → 운영위원회 → 이사회 → 총회 등의 순서로 됩니다. 이를 3개의 회의체로 정리하면 다음 표와 같습니다.

종류	정의	결정 사항
총회	협동조합의 의사를 결정하는 필수적인 최고 의결기관	* 총 조합원의 과반수 출석과 출석자 과반수가 찬성해야 하는 사항 – 규약의 제정 · 변경 또는 폐지 – 임원의 선출과 해임 – 사업계획 및 예산의 승인 – 결산보고서의 승인 – 감사보고서의 승인 – 총회의 의결을 받도록 정관으로 정하는 사항 – 그 밖에 이사장 또는 이사회가 필요하다고 인정하는 사항 * 총 조합원의 과반수 출석과 출석 조합원의 3분의 2 이상이 찬성해야 하는 사항 – 정관의 변경 – 협동조합의 합병 · 분할 · 해산 또는 휴업 – 조합원의 제명 – 탈퇴 조합원(제명된 조합원을 포함한다)에 대한 출자금 환급
이사회	협동조합의 업무 집행에 관한 의사를 결정하는 필수 의결기관	– 협동조합의 재산 및 업무 집행 – 총회의 소집과 총회에 상정할 의안 – 규정의 제 · 개정 및 폐지 – 사업계획 및 예산안 작성 – 법령 또는 정관에서 정한 이사회 의결 사항 – 기타 중요 사항 또는 이사장이 부의하는 사항
운영 위원회	법상 필수 의결기관은 아님. 사업과 조직 내 기능에 따른 소모임	– 조합의 통상적인 활동과 집행력을 담보하는 역할을 함 – 사업에 따른 분류: ○○사업위원회, △△사업위원회 – 기능에 따른 분류: 조직위원회, 사업위원회, 홍보위원회 등

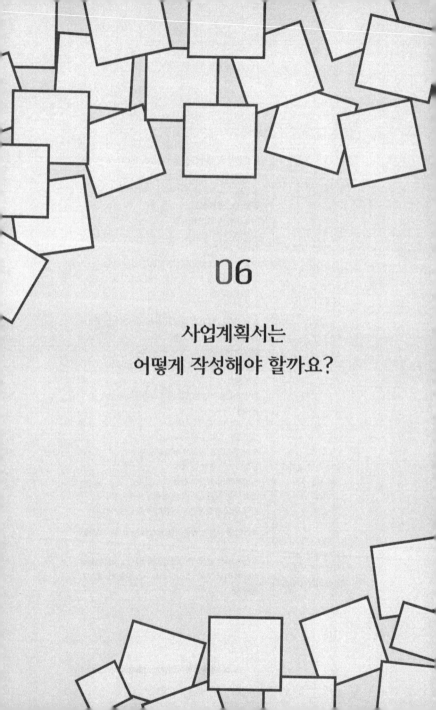

06

사업계획서는
어떻게 작성해야 할까요?

발기인들은 정관을 작성함과 동시에 사업계획 및 예산안도 함께 작성해야 합니다. 사업계획을 논의할 때는 수치화된 목표, 역할 분담, 비용 및 자금 조달 등도 고민해야 합니다. 무엇보다 앞서 살펴봤듯이 학교협동조합의 특성상 학생, 학부모, 교사 등 다양한 구성원들의 요구를 반영해나가야 합니다. 어떤 품목을 팔지, 판매 방식은 어떠할지, 공간은 어떻게 구성할지 등에서 구성원들의 요구 사항을 반영하면서 함께 계획을 작성해나갑니다.

유의할 점은 사회적협동조합으로 설립할 경우 사업에서 공익사업의 비중이 40퍼센트 이상 되어야 합니다.

공익사업은 지역 사업형, 취약계층 사회 서비스 제공형, 취약계층 고용형, 위탁 사업형, 기타 공익 증진형 등이 있습니다. 또한 학교협동조합을 사회적협동조합으로 설립할 경우 교육부의 인가를 받아야 하기에 주 사업은 교육과 관련한 사업을 중심으로 작성하는 것이 필요합니다. 예를 들어 학교 매점 운영도 교육 차원에서 학생들을 위한 경제 교육과 체험이 병행해서 운영된다는 점을 보여주는 게 필요합니다.

다음은 《서울시 학교협동조합 설립 매뉴얼》에 나오는 학교협동조합 주 사업 작성 예시입니다.

학교협동조합 주 사업 작성 예시

1. 학생 복지 증진 사업: 친환경 먹거리·문구류 공동구매 및
   판매(매점), 교복 공동구매 및 교복 은행 운영, 카페형 매점
   환경 개선, 중고 장터 운영(도서, 참고서 등)
2. 저소득층 교육비 지원: 장학금 지급, 급식비 지원, 근로장학
   생 학비 지원
3. 학생 교육 지원 사업: 사회적 경제 동아리 지원, 에코 수학
   여행 지원, 학생 창업 지원, 방과 후 학교 운영, 돌봄교실 운
   영, 생태체험 학습 운영
4. 지역사회 참여: 교육 복지 우선 사업, 벼룩시장 운영(학기별),
   사회적 경제 기업 생산품 판매, 인권 교육 및 캠페인 사업

또한 기타 사업에는 '협동조합 기본법'에 명시된 필수 사업 3가지
가 반드시 포함되어야 합니다. 이는 조합원과 직원에 대한 상담·
교육·훈련 및 정보 제공 사업, 협동조합 간 협력을 위한 사업, 협동
조합의 홍보 및 지역사회를 위한 사업입니다. 협동조합의 7원칙 중
5~7번째에 해당하는 원칙들입니다.

또한 예산안도 작성해야 하기 때문에 학생 수를 비롯해 학교 안의
여건에 맞춰 매출과 비용을 예측할 필요가 있습니다. 크든 작든 사

업을 한다는 것은 위험부담을 안고 가는 것이기에 예측하며 위험을 관리하는 것이 중요합니다. 물론 예측대로 흘러가는 사업은 없을 것입니다. 그렇지만 예측하지 않는다면 어디서부터 잘못되고 있는지, 그래서 어떻게 수정 · 보완하면 좋을지를 알 수 없습니다.

다음은 협동조합 매점에서 사업을 계획하며 세운 예상 수입과 지출 내역입니다. 1일 판매량은 13만 원으로, 1년 매출이 2600만 원이니 규모가 작은 학교였으리라 생각합니다.

	예상 수입	예상 지출
세부 내역	1) 1일 판매량(13만 원) 1000원 X 50개=5만 원 800원 X 100개=8만 원 2) 1달 판매량(260만 원) 13만 원 X 20일=260만 원 3)1년 판매량(2600만 원) 260만 원 X 10개월=2600만 원 (예상) 수입 내역: 2600만 원	1) 물품 구매비(1년)=1800만 원 2) 학교 매점 임대료(1년)=100만 원 3) 근로장학생(1년)=200만 원 (예상) 지출 내역: 2100만 원

다음은 협동조합 매점에서 사업을 운영했을 때 매출과 지출 비용 내역입니다. 위 계획을 세운 학교와 다른 학교이지만 미처 생각지 못했던 항목도 있으며, 학생 수의 규모에 따라 고려해야 할 지점도 있다는 것을 알 수 있습니다.

구분		금액	비중
매출액		7396만 6206원	100.0%
매출 원가		4652만 7930원	62.9%
매출 총 이익		2743만 8276원	37.1%
판매 관리비		2689만 344원	36.4%
	인건비	2072만 4894원	28.0%
	임차료	196만 1070원	2.7%
	교육 훈련비	37만 5918원	0.5%
	기타	382만 8462원	5.2%
영업 이익		54만 7932원	0.7%
영업 외 수익		99만 4473원	1.3%
영업 외 비용			0.0%
법인세 차감 전 이익		154만 2405원	2.1%
당기 순이익		139만 225원	1.9%

　사회적협동조합으로 설립된 학교협동조합은 앞서 살펴봤듯이 모두 경영 공시를 하도록 되어 있습니다. 사업의 결산보고서, 결과보고서를 모두 올려야 하는데, 이는 협동조합 포털사이트(www.coop.go.kr)에서 협동조합 현황〉경영 공시〉경영 공시 자료를 통해 확인할 수 있습니다. 이를 참고해서 각 사업의 목적, 세부 사업 내용, 예산과 지출 등을 계획해보기 바랍니다. 특히 세부사업 내용과 관련해서는 다음 항목 등을 고려하면서 준비하는 분들과 함께 논의해가면 좋습니다.

- 사업 대상
- 학교 구성원이 필요로 하는 부분 또는 불편했던 문제
- 이에 대한 우리 조합만의 해결책
- 조합원 모집 및 제품·서비스 홍보를 위한 계획
- 사업에 필요한 인력과 예산 및 확보 방안
- 사업 추진 일정

07

창립총회는
어떻게 준비하나요?

발기인이 정관과 사업계획서, 수입·지출 예산서 등을 작성하면 이제 창립총회를 위한 준비에 들어갑니다. 발기인 외에도 학교협동조합을 함께할 설립 동의자를 추가로 모집할 수 있습니다.

다만 설립 동의자가 많을 경우 설립등기 시 업무가 과도하게 많을 수 있으니 이를 고려하여 모집하는 것도 필요합니다. 즉 사회적협동조합 인가 후 조합원으로 가입해서 활동하는 것을 유도할 수도 있습니다. 설립 동의서에는 임원 활동 여부, 부모 동의란 체크 명시, 개인정보 제공 동의 등을 적도록 합니다. 설립 동의자는 창립총회 때 발기인과 동일한 권한을 가지며, 사회적협동조합이 인가를 받은 후 출자금을 납입하면 정식 조합원이 됩니다.

설립 동의가 완료된 뒤에는 창립총회 개최 공고문을 작성하고 설립 동의자들이 참석할 수 있도록 고지합니다. 창립총회 개최 공고문에는 다음과 같은 내용이 반드시 포함되어야 합니다.

---

① 창립총회 개최 일시
② 창립총회 개최 장소
③ 조합원의 자격 요건
④ 창립총회 의결 사항(정관, 사업계획서, 수지 예산안 승인, 임원 선출 등)
⑤ 공고 일시

---

⑥ 공고 주체

공고문은 창립총회 개최 7일 전까지 알리도록 관련 법에 규정되어 있습니다. 7일이라는 공고 기간에는 공고일과 창립총회 개최일은 제외됩니다. 표준정관에 따르면 우편, 또는 전자메일로 각 조합원들에게 통지하도록 하고 있습니다. 학교협동조합은 보통 학교 홈페이지, 교내 벽보, 교내 방송 외 학급별 공지 및 가정통신문, SMS 발송 등을 통해 합니다. 홈페이지 게시(화면 캡처), 학교 내 공고문 게시(날짜가 기록된 사진), 가정통신문 등은 인가 서류 제출 시 증빙 서류로 함께 제출합니다.

창립총회의 정족수는 발기인과 설립 동의자를 포함하여 과반수가 출석해야 합니다. 따라서 설립 동의서를 수거하여 설립 동의자 수를 파악합니다. 또한 창립총회 자료집 준비, 창립총회 시나리오 작성 및 필요한 물품 작성 등의 준비를 해야 합니다. 창립총회 자료집에는 보통 협동조합이 처음 만들어지게 된 배경, 설립 목적, 비전과 미션, 창립총회에 이르기까지의 과정을 정리합니다. 다음은 총회 자료집 목차 예시입니다.

1.창립총회 식순

2.설립 취지문

3.추진 경과

4.심의 안건

   (1) 정관(안)

   (2) 임원 선출(안)

   (3) 2018년도 사업계획(안)

   (4) 2018년도 사업 예산(안)

   (5) 기타 안건

유의할 점은 설립인가 서류 제출 시 정관과 사업계획서, 세부 계획서, 수입·지출 예산서의 일관성이 잘 유지되었는지가 주요 점검 사항이므로 창립총회 자료집에 들어가는 내용도 꼼꼼히 체크할 필요가 있습니다. 특히 정관 내용 변경은 총회 의결 사항이므로 임시총회를 재개최하는 번거로움을 피하려면 역시 잘 점검해야 합니다. 다음은《서울시학교협동조합 설립 매뉴얼》에 나오는 창립총회 절차입니다.

1. 사회자 성원 보고로 시작: 등록 담당 요원은 총회 시작 즉시 참석자 명부의 서명 인원을 집계하여 사회자에게 보고

2. 총회 의사정족수 확인: 총회가 유효하게 성립되고 진행되기 위해서는 창립총회 개의 전까지 설립 동의서 제출자 과반수가 총회에 출석해야 하고 총회가 끝날 때까지 유지되어야 함

3. 창립총회 개최 선언

4. 설립 추진 경과보고 및 임시의장 선출(임시의장과 사회자가 동일인인 경우도 있음)

5. 기명날인자 선출(3명 이상 선출하며 추후 의사록에 기명날인함)

6. 설립 과정 보고

7. 의안 심의: 각 안건에 대한 내용은 발기인이 설명
   ① 설명을 들은 후 동의 여부를 묻고 동의와 재청이 있은 후 이견이 없으면 안건 통과 선포
   ② 부의된 안건에 대해 수정을 요구하는 동의(의견)가 있는 경우 수정안에 대한 동의·재청 여부를 묻고 의견이 없을 경우 제시된 수정안을 확정
   ③ 의견이 존재한다면 여러 의견에 대해 표결을 부침
   ④ 추가 안건이 있는지 물어서 논의: 설립 경비에 소요되는

비용, 소재지에 관한 안건 등

⑤ 공고 시 미리 통지하지 않은 사항에 대한 의결: 긴급을 요하여 총 조합원(설립 동의자)의 3분의 2 이상의 출석과 출석 조합원(설립 동의자) 3분의 2 이상의 찬성이 있는 때에는 미리 통지하지 않은 사항에 대해 기타 안건으로 부의하여 의결할 수 있음

8. 임원 선출

9. 폐회 선언

08

창립총회 전후의
행정 절차는 어떻게 되나요?

창립총회를 마치고 나면 본격적인 행정 절차가 기다리고 있습니다. 사회적협동조합을 택한다면, 교육부에 설립인가 신청을 해야합니다. 현재 교육부 평생학습정책과에서 학교협동조합 업무를 담당하고 있습니다. 설립인가와 관련된 서류는 협동조합 포털사이트(www.coop.go.kr) 알림마당) 서식 자료)에 있습니다. 구체적으로 제출해야 할 서류는 다음과 같습니다.

	제출서류	비고
1	설립인가 신청서	시행규칙 별지 제18호 서식
2	정관 사본	표준정관례 참고
3	창립총회 개최 공고문	표준 샘플 참고
4	창립총회 인사록 사본	표준 샘플 참고
5	임원 명부(임원 이력서와 사진 포함)	시행규칙 별지 제3호 서식
6	사업계획서	시행규칙 별지 제19호 서식
7	수입·지출 예산서	시행 규칙 별지 제20호 서식
8	출자 1좌당 금액과 출자좌수를 적은 서류	표준 샘플 참고
9	발기인 및 설립 동의자 명부	시행규칙 별지 제6호 서식
10	세부 사업계획서	주 사업의 내용이 설립인가 기준을 충족함을 증명하는 서류

각각의 서류에 대해서는 샘플이 있으며, 지역의 사회적경제지원센터(전국 공통 번호 1800-2012)에 문의하며 서류를 작성하면 시행착오를 줄일 수 있습니다.

이러한 인가 서류를 교육부에 제출하며, 검토 후 이상이 없으면 일주일 이내에 한국사회적기업진흥원(이하 진흥원)으로 전달됩니다. 이후 진흥원은 접수 후 15일 이내에 형식 요건 심사와 현장 실사를 마치고 소관 부처로 회신하도록 되어 있습니다. 현장 실사는 진흥원과 각 지역의 사회적 경제 지원 조직이 진행합니다. 주무 부처에서는 이를 토대로 설립인가를 결정하며, 이 과정은 서류 접수 이후 60일 이내에 마치도록 되어 있습니다. 그러나 서류에 이상이 있는 경우 보완해서 제출해야 되므로 이보다 더 걸릴 수 있습니다.

인가가 끝난 뒤에는 등기를 해야 하는데, 이때 창립총회 의사록을 공증 받아야 합니다. 사회적협동조합 설립인가 시에는 공증을 받지 않은 상태로 첨부해 제출하여도 됩니다. 공증이란 특정 사실, 또는 법률 관계의 존부를 공적 권위로써 증명하는 행정 행위입니다. 쉽게 말해 창립총회가 실제로 있고, 관련한 사람들이 참여했음을 공증인이 확인하고 보증해주는 셈입니다.

공증의 방식은 2가지가 있습니다. 총회에 참석한 사람들이 인감 증명서 제출 등을 통해 공증을 촉탁하는 방법과 공증인이 직접 총회에 참석하여 결의 절차를 지켜보고 내용을 검사하는 참관 공증이 있습니다. 문제는 학생들이 미성년자이기에 친권자의 인감도장이 찍힌 '미성년자 보호 동의서', '친권자 2명의 인감증명서' 등이 필요한데, 절차 자체가 복잡하고, 친권자와 연락이 어려운 학생의 경우 실질적으로 조합원 가입이나 임원으로 활동하기 어려워지는 부분이 있습니다. 또한 학생들 수백 명이 조합원으로 참여하게 되는 경우 사실상 이러한 방식의 공증 촉탁은 불가능해져서, 공증이 가능한 변호사가 출장비를 받고 참관하는 절차가 반드시 필요합니다. 이러한 공증은 창립총회 때는 반드시 필요하며, 이후 임원의 변경 등에도 총회 의사록의 공증이 필요합니다. 현재 사회적협동조합으로 설립한 학교협동조합은 앞서 설명했듯 창립총회 이후 일정한 요건 하에 교육부에 총회 의사록 공증 면제 신청을 하고 있습니다.

참관 공증 시 총회 의사록 공증은 공증사무소에서 하는데, 요구하는 서류가 조금씩 달라 미리 확인해야 시행착오를 줄일 수 있습니다. 보통 다음과 같은 서류를 요구합니다. 서류의 형식도 사무소마다 조금씩 다릅니다.

- 창립총회 의사록(원본) 3부(인감도장 날인 및 간인 필요).
  1부는 공증사무소 제출, 1부는 등기소 제출, 1부는 보관
- 조합원 명부(공증사무소 서식)

- 진술서 작성(공증사무소 서식)
- 이사장 확인서
- 정관 원본 또는 사본(원본대조필)
- 총회에 참석한 조합원 위임장(공증사무소 서식)과 인감증명서 각 1부(참석 조합원의 3분의 2 서류 제출)
- 대리인 진술서(공증 업무를 이사장이 직접 하지 않을 경우 필요)
- 설립인가증(직인으로 원본대조필)

※미성년자 조합원 필요 서류: 본인 인감증명서(본인 서명 사실 확인서), 미성년자 보호자 동의서(친권자 2인 인감 날인), 친권자(2인) 인감증명서 필요

※미성년자 인감증명서 발급 시 필요 사항: 친권자 모두의 인감증명서, 친권자 인감도장이 찍힌 미성년자 보호자 동의서를 가지고 친권자와 함께 동주민센터 방문

총회 의사록의 공증까지 마쳤으면 다음 서류를 준비해 주된 사무소 소재지에 있는 등기소에서 설립등기를 해야 합니다. 설립인가를 받은 날로부터 60일 이내에 해야 합니다.

	제출 서류	비고
1	설립등기 신청서	목적, 명칭 및 주된 사무소의 소재지 총 출자좌수와 납입한 출자금의 총액 설립 신고 연월일 임원의 성명, 주민등록번호 및 주소 등 기재
2	정관	발기인이 인감 날인한 정관 원본 지참 시 사본 제출 가능
3	창립총회 의사록	공증 받은 원본 제출
4	임원의 취임 승낙서, 인감증명서, 주민등록등 초본	임원의 취임 승낙서에는 인감도장을 찍음 임원 전원 제출
5	법인 인감신고서	등기소에서 양식 받아 작성 (법인 인감 미리 만들어 갈 것)
6	신고필증(인가증)	주무관청에서 발급 받은 신고필증 (사회적협동조합은 인가증) 사본
7	출자금 총액 납입증명서	금융기관이 작성한 잔고 증명서 또는 출자금 납입 확인서 등 모두 가능 현물출자 시 현물출자 재산 인계서 또는 출자 재산 영수증
8	등록면허세 영수필 확인서	관할 시군구청에 납입 후 영수증을 수령하여 제출
9	설립 동의자 명부 및 출자좌수	신고(인가) 시 제출된 설립 동의자 명부 사용
10	법인 인감증명서 및 인감 대지	1차 민원 상담 시 교부 받아 법인 인감 신고 및 법인 인감 발급 카드 받음
11	위임장	대리인이 신청할 경우

등기를 마친 뒤에는 사업자등록을 해야 합니다. 사업을 하려면 사업 개시일로부터 20일 이내에 다음의 서류를 준비하여 사업을 하고자 하는 장소(사업장)의 관할 세무서에서 사업자등록을 합니다.

	제출 서류	비고
1	설립신고서 및 사업자등록 신청서	세무서에 비치
2	정관 사본	
3	법인 등기부등본	
4	인감증명서 1부, 인감도장	
5	법인 명의 임대차계약서	사업장을 임차한 경우에 한함
6	조합원 또는 출자자 명세서	
7	주무관청의 설립인가증 사본	사회적협동조합인 경우
8	사업허가 등록 신고필증	해당 법인에 한함. 허가(등록 신고) 전에 등록하는 경우 허가 신청서 또는 사업 계획서
9	현물 출자 명세서	해당 사항 있는 경우
10	위임장	대리인이 신청할 때

6장

운영하다 보면
주로 어떤 일이 발생하나요?

01

협동조합을 준비하는 과정에서
지출한 비용은 어떻게 하나요?

협동조합을 준비하는 과정에서도 지출이 발생하는 경우가 있습니다. 창립총회 자료집을 인쇄하거나 창립총회 준비 시 비품을 사는 비용 등이 그런 것들이죠. 출자금을 미리 징수하여 사용할 수도 있고, 어느 개인이 미리 부담하고 협동조합이 설립된 후 보전받을 수 있습니다. 중요한 것은 증빙 자료로서 영수증 등을 잘 챙기는 것입니다.

또한 등기 이후에는 법인 통장을 만들어 통장 거래를 통해 협동조합의 투명성을 확보하는 게 중요합니다. 통장 거래의 원칙은 가장 기초적이면서 중요합니다. 통장을 다음처럼 용도에 따라 나눠서 관리하는 것도 방법입니다.

- 출자금 통장
- 영업 통장
- 위탁 사업비 통장
- 퇴직금 통장(1년 이상 근무하는 근로자 대비)
- 기부금 통장
- 부가가치세 통장(부가가치세 납부에 대비해 월별 적립)

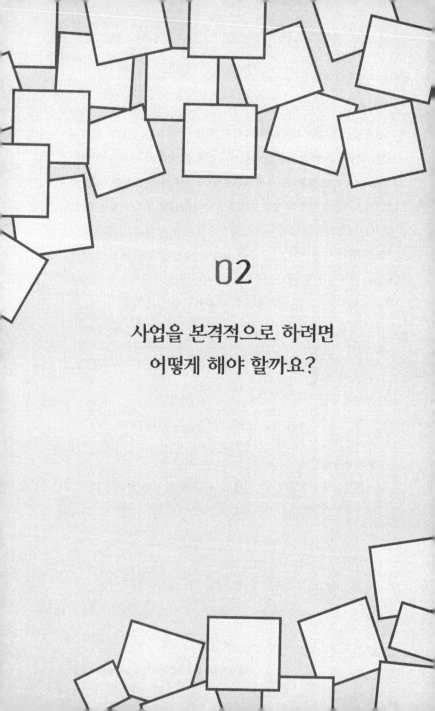

02

사업을 본격적으로 하려면
어떻게 해야 할까요?

등기 및 사업자등록까지 완료했다 하더라도 학교협동조합 사업을 하려면 많은 준비가 필요합니다. 학교 안에서 사업을 하는 것이기에 먼저 학교와 여러 계약을 체결해야 합니다. 또한 사업을 위해 필요한 물품 구비 등을 준비해야 합니다.

예를 들어 매점 협동조합의 경우 먼저 학교와 시설 사용에 대한 계약을 체결해야 합니다. 학교협동조합 매점은 학교 공간 안에 매점을 설치해 운영합니다. 이때 학교 시설을 임대하는 형태로 사용하게 되는데, 이는 일종의 공유재산과 관련한 계약이 됩니다. 또한 매점에서 일할 매니저와는 근로계약을 체결해야 합니다. 보통 상근 노동을 제공하는 매니저 1명과 일주일에 15시간 미만의 초단시간 근로자, 즉 파트타이머 1~2명으로 매점을 운영하게 됩니다. 물론 이는 매점의 운영 시간에 따라 달라질 수 있습니다. '근로기준법'에 따른 기준도 지켜야 합니다. 마지막으로 매점에서 판매할 상품을 공급받기 위해 공급 업체와의 계약이 필요합니다.

이뿐만 아니라 구체적인 사업을 위해 공간은 어떻게 꾸밀지, 운영은 어떻게 할지도 사업계획 시 세웠던 내용을 구체화하며 논의하고 준비해야 합니다.

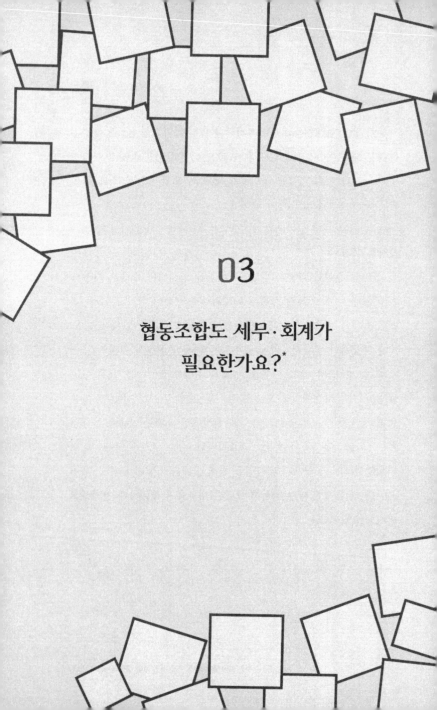

03

협동조합도 세무·회계가
필요한가요?*

협동조합도 사업체이며 법인이기에 관련한 세금을 납부해야 합니다. 세금과 관련해서는 조합 차원에서 하기 어려운 부분이 많아 월 10만~20만 원을 주고 세무사 사무소에 맡기는 경우가 많습니다. 이를 기장료라고도 하는데요. 기장료란 사업체를 대신하여 장부를 작성해주고 세금 신고를 대신해주는 세무사 사무실에 대가로 지급하는 비용입니다.

일반적으로 기장료는 매출 1억 원 미만을 기준으로 월 5만~10만 원, 기타 법인세 조정료가 20만~25만 원 정도이니 참고 바랍니다. 지역에 따라 사회적경제지원센터에서 매월 1회 무료 세무 지원을 해주는 곳도 있습니다.

세무사 사무실이나 회계 지원단에서 회계·세무 업무를 하더라도 전자세금계산서, 영수증 등 증빙 자료는 개별 학교협동조합에서 꼼꼼히 챙겨야 합니다. 따라서 일상적인 증빙 수취 및 영수증 정리가 중요하며 조합 내부에 담당자가 있어야 합니다.

아울러 월별 손익 역시 사업의 추이를 위해서 내부적으로 정리해야 합니다. 여러 사람이 함께 운영하는 만큼 중간에 오류나 누락이 있을 수 있습니다. 일별 정산의 오류는 월별 정산에서 잡아야 합니다.

또한 외부의 세무회계 전문가에게 위탁을 하더라도 세금에 대한

---

* 서울특별시 교육청의 《학교협동조합 매점 운영 매뉴얼》 중 운영 과정〉매점 경영 관리 및 정산〉세금 관리 참조

기본 사항은 알고 있어야 합니다. 기본적으로 어떤 세금을 언제 납부하는지, 세금과 관련해서 유의해야 할 부분은 무엇인지를 잘 알고 있어야 합니다. 특히 세금은 자칫 납부 시기를 놓치거나 신고를 잘못하면 과태료가 부과돼 불필요한 손실이 발생할 수 있습니다. 법인을 운영하며 내는 세금으로는 크게 ① 법인세, ② 원천세, ③ 부가가치세, ④ 지방소득세 등이 있습니다.

먼저 법인세는 법인의 소득 금액 등을 과세표준으로 부과하는 세금입니다. 비영리법인은 수익사업과 비수익사업을 구분해 회계 처리를 해야 하고, 수익사업에서 발생한 소득에 대해서만 신고 납부 의무가 있습니다. 학교협동조합은 대부분 사회적협동조합으로 설립되며, 비영리법인으로 분류됩니다. 비영리법인의 수익사업에 대해서는 '법인세법' 제3조 제3항에서 열거하고 있습니다.

다음으로 원천세는 소득 금액, 또는 수입 금액을 지급할 때, 지급받는 사람이 부담할 세액을 미리 국가를 대신하여 징수하는 세금입니다. 만약 근로자가 매월 자신의 소득에 대한 세금을 일일이 납부한다면 무척 번거롭겠죠? 그래서 월급을 주는 사업자가 미리 세금을 징수하는 방식입니다. 원천세를 계산해야 하는 경우로는 근로소득세, 사업 소득세, 기타 소득세 등이 있습니다. 근로소득세는 국세청의 근로소득 간이세액표 자동 조회 프로그램(www.nts.go.kr/cal/cal_06.asp)을 이용해 계산할 수 있습니다. 협동조합에 고용된 사람들뿐만 아니라, 비정기적으로 오는 외부 강사의 경우도 강의료를 주기 전에 마찬가지로 원천세를 떼야 합니다. 강의 자체를 직업으로 하는 분은 사업 소득세에 해당하고, 직업적으로 강의를 하지 않는 분의 경우에는 기타 소득세에 해당합니다. 예를 들어 사업 소득세에 대한 세율은 3퍼센트이며, 그에 따른 주민세가 10퍼센트이므로 강의료의 3.3퍼센트를 원천징수하게 됩니다.

부가가치세는 사업자가 영업 활동을 하는 과정에서 부가된 가치에 대하여 내는 세금입니다. 부가가치세는 6개월에 한 번씩 내며 예정·확정으로 나누어집니다. 끝으로 법인 관련 지방소득세가 있습니다. 이는 지자체에서 부과해서 고지하는 세금입니다.

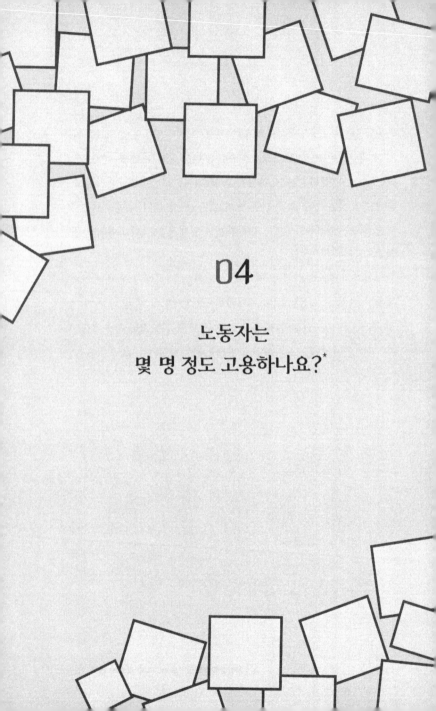

04

노동자는
몇 명 정도 고용하나요?[*]

학교협동조합은 초기에 학생, 학부모, 교사, 지역 주민 등 구성원들의 자발적이고 적극적인 참여 속에서 만들어질 수 있습니다. 학교와 지역사회의 다양한 자원이 결합할수록 학교협동조합의 내용은 더욱 풍성해질 것입니다. 하지만 이 모든 활동이 봉사로만 이루어질 수는 없습니다. 사업체로서 지속가능한 체계를 갖추기 위해서는 당연히 상근 노동자가 필요합니다.

적정 인원은 해당 사업의 내용과 업무량에 따라 달라집니다. 예를 들어 매점의 경우 보통 상근 노동을 제공하는 매니저 1명과 일주일에 15시간 미만의 초단시간 노동자, 즉 파트타이머 1~2명을 고용합니다. 물론 이 역시 매점의 운영시간 등에 따라 달라질 수 있습니다.

중요한 것은 이렇게 노동자를 고용하게 되면 '근로기준법' 등 법적 절차를 지켜야 한다는 점입니다. 먼저 근무시간과 상관없이 모든 근로자는 사용자와 '근로계약서'를 작성해야 합니다. 학교협동조합의 경우 보통 대표자인 이사장의 명의로 노동자와 근로계약을 체결하게 됩니다. 근로계약서에 필수적으로 기재해야 하는 사항으로는 인적 사항(당사자를 특정), 임금(구성 항목, 계산/지급 방법), 근로시간(정규 근로시간), 휴일 및 휴가(휴일, 주휴, 유급휴가, 연차 등), 장소 및 업무(근로 장소 및 종사 업무) 등이 있습니다.

---

* 서울특별시 교육청의《학교협동조합 매점 운영 매뉴얼》중 계약 준비) 근로 계약 부분 참고

임금과 관련해서는 현물이 아닌 통화(계좌이체도 유효)로, 당사자에게 직접 전액을 매월 정기적으로 지급해야 하며 최저임금 이상을 지급합니다. 또 1년 이상 계속 근무 후 퇴직 시에는 법정 퇴직금(최종 3개월간 평균 임금 x 근로일 수 x 30/365)을 지급해야 합니다. 이에 퇴직급여충당금을 설정하여 매월 일정 금액을 적립합니다.

또한 4대 보험에 가입해야 하는데 이때 보험료는 사업주인 협동조합과 근로자가 법정 비율에 따라 납부해야 합니다. 급여 제공 시 원천세와 3대 보험료(국민연금료, 건강보험료, 고용보험료) 등을 공제하고 실수령액을 지급하는 방식입니다. 국세청 홈페이지에 들어가면 근로소득 간이세액표에 따른 자동 계산식이 있습니다. 보통은 근로소득세를 포함한 원천세 등 각종 세금 관리에 대한 기장을 회계사 사무소에 요청합니다.

학생이 사업장에서 일할 경우 추가적으로 지켜야 할 사항들이 있습니다. 원칙적으로 만 15세 이상이어야 고용할 수 있습니다. 만 15세 이상이지만 중학교에 재학 중인 청소년과 만 13~14세까지의 청소년은 지방 고용 노동 관서에서 발급하는 취직 인허증이 있어야 합니다. 18세 미만자는 친권자(후견인) 동의서 및 가족관계증명서를 받아서 사업장에 비치해야 합니다. 더불어 성인 근로자에게 적용되는 근로조건을 준수해야 하는 것은 물론, '근로기준법', '청소년보호법' 등에서 청소년 근로자에 대해 추가로 규정하는 근로조건을 함께 준수해야 합니다.

근로계약서는 '표준근로계약서'가 있기에 이에 맞춰서 내용을 바꾸면 됩니다. 특히 단시간 근로자의 경우 "근로일 및 근로일별 근로시간"을 반드시 기재해야 합니다. 좋은 일을 한다는 명분으로 자칫 근로기준법을 위반하는 일이 발생하지 않도록 관련 규정을 이해해야 합니다. 또 원가 산출에서도 인건비를 포함해 적정 가격을 매길 수 있도록 해야 합니다.

학생들과도 우리가 만들어가는 협동조합에서 노동에 대해 함께 생각해보고 노동자로서 우리의 권리에 대해서도 배울 기회를 가질 수 있습니다. 고용노동부(www.moel.go.kr/)에서 발행한 《청소년수첩, 이것만은 알고 일하자!》, 고용노동연수원의 청소년 고용노동교육(youth.koreatech.ac.kr/)의 〈청소년이 알아야 할 노동법〉 등이 있습니다.

또한 학교협동조합에서 일할 분은 어떤 역량과 태도가 필요한지도 함께 이야기 나누면 좋습니다. 예를 들어 협동조합 매점의 경우 학생들과 원활한 소통 역량도 필요합니다. 이런 부분을 조합원들과 함께 이야기하고 외부에 공고를 내는 게 좋습니다.

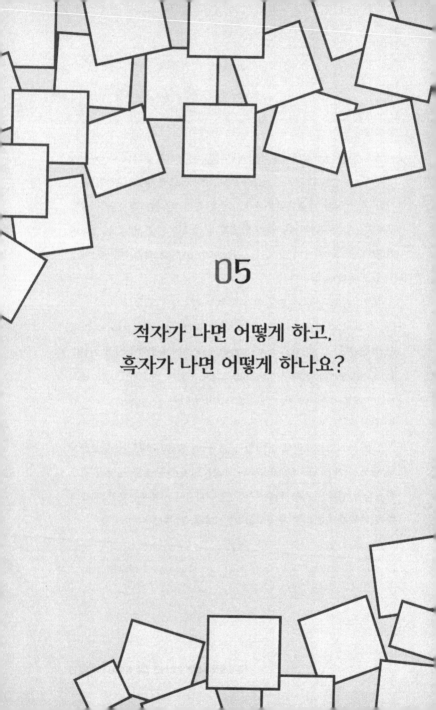

05

적자가 나면 어떻게 하고,
흑자가 나면 어떻게 하나요?

협동조합은 한 해 동안 사업을 하고 결산을 한 뒤 ① 손실금을 보전하고 ② 법정적립금 및 ③ 임의적립금 등을 적립한 이후에는 정관으로 정하는 바에 따라 조합원들에게 잉여금 배당이 가능합니다. 손실금을 보전한 후에도 부족함이 있으면 ④ 다음 회계연도로 이월합니다.

법정적립금과 임의적립금은 조합의 안정적 운영과 다음 해 사업을 위해 조합 내부에 유보하는 돈입니다. 협동조합에 대한 오해 중 하나는 주식회사와 달리 원가 경영을 하니 수익을 남겨서는 안 된다는 것인데, 이는 잘못된 인식입니다. 사업을 지속하려면 필요 비용을 충당했더라도 다음 사업을 위한 안정적 수익을 창출해 일부를 내부에 유보해야 합니다.

'협동조합 기본법'상으로도 일반협동조합은 잉여금의 10퍼센트 이상을, 사회적협동조합은 잉여금의 30퍼센트 이상을 매해 적립해야 하는데, 이렇게 내부에 유보한 금액이 최소한 출자금 납입 총액의 3배가 될 때까지 적립을 해야 안정적인 운영이 가능하다고 보고 있습니다.

두 번째로, 수익을 조합원들에게 배당할 수도 있는데, 이는 일반협동조합만 가능합니다. 사회적협동조합은 공익적 목적을 강조하는 모델로서 배당이 금지되어 있습니다. 대부분의 학교협동조합은 사회적협동조합으로 이 경우에 해당합니다. 일반협동조합의 경우 주식회사와 달리 수익을 출자금이 아닌 이용량에 비례해 배당하는 것이 우선이며, 법적으로 출자에 대한 배당은 제한적으로만 가능합니다. 물론 일반협동조합도 자체적으로 출자 배당이나 이용 배당을 금지하는 정관을 만들 수 있습니다.

일반협동조합에서는 잉여금을 배당할 경우에도 출자금에 따른 배당보다 이용 실적에 따른 배당을 더 중요시합니다. 납부한 출자액에 대한 배당은 납부 출자금의 10퍼센트 '이하'로 제한하고, 이용 실적에 대한 배당은 전체 배당의 50퍼센트 '이상'이 되도록 하고 있습니다. 따라서 출자 배당은 협동조합에서 정해서 더 주고 싶어도 못하게 '이하'로 제한되어 있고, 이용 배당은 거꾸로 '이상'으로 해서 협동조합에서 정해서 더 줄 수도 있게 하고 있습니다. 협동조합은 이윤을 배분하는 데서도 출자금을 많이 낸 사람을 우선시하지 않고 실제로 필요에 따라 그 사업을 이용한 사람을 우선시한다는 특징이 있기 때문입니다.

마지막으로 수익은 조합원의 동의를 얻은 활동을 위해서 쓰이기도 합니다. 조합원들에게 더 질 높은 서비스를 제공하거나 상품 가격 인하, 조합원 교육 확대 외에 조합원들의 동의를 얻은 여타 활동에 지원할 수 있죠. 또한 각 조합원이 의견을 낸 뒤, 기부한 금액 대비 기부 효과가 가장 큰 기부처를 가장 설득력 있게 제시하는 팀을 선택해, 그 팀에서 발굴한 곳에 기부하는 기부 콘테스트를 한 경우도 있습니다.

　사실 학교협동조합은 이윤을 적게 남기며, 남는 이윤을 대부분 학생 교육과 복지 활동에 사용하기 때문에 잉여금이 발생하는 경우가 적습니다. 잉여금을 많이 남기는 것 자체가 목표라기보다는 학교 구성원들의 필요를 충족하는 것이 본래의 목적이기 때문입니다.

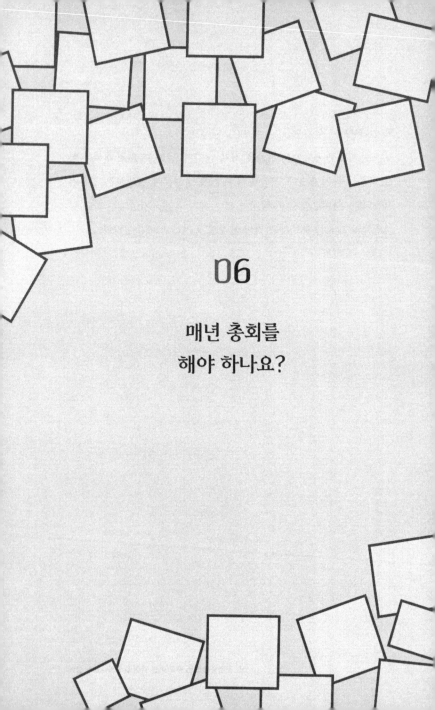

06

매년 총회를
해야 하나요?

창립총회만 하고 총회는 안 해도 된다고 생각했다면 오산입니다. 총회는 매년 최소 1회 이상은 해야 합니다. 사실 협동조합만 총회를 하는 것은 아니고, 1인 법인이 아닌 이상 총회는 해야 합니다. 주식회사에서는 주주총회를 하고요.

총회는 매년 1회 정기적으로 소집되는 정기총회와 정관에 따라 필요한 경우 소집되는 임시총회로 구분됩니다. '협동조합 기본법'은 임원의 선출과 해임, 조합원의 의무와 권리에 관한 사항 등 총회에서 결정해야 하는 사항과, 사업계획 및 예산안 작성 등 이사회에서 의결하여야 하는 사항을 각각 법으로 규정하고 있습니다. 또한 정관으로 그밖에 총회로 결정할 사항에 대하여 규정할 수 있습니다.

협동조합은 출자좌수와 관계없이 1인 1개의 의결권과 선거권을 가지고 있죠. 대리를 하더라도 1인에 한합니다. 조합원의 과반수가 출석해야 총회가 성립되는데, 대리까지 포함하더라도 최소 4분의 1 넘게 출석해야 가능하겠죠? 주주총회처럼 몇 명이 모여서 형식적으로 결정하기는 어려운 구조입니다. 학생들도 공부, 동아리 활동 등 여러 가지 활동으로 바쁘고, 교사와 학부모, 지역 주민 역시 같은 시간, 같은 자리에 모인다는 게 결코 쉽지 않은 일입니다.

그렇지만 1년에 한 번이라도 함께 얼굴을 맞대고 우리 협동조합에 대해서 의논하고 결정하지 않는다면 과연 우리가 조합원, 즉 주인이라고 할 수 있을까요? 총회 참석은 주인으로서의 최소한의 권리

이자 의무인 셈이죠.

또한 총회는 총회 당일 하루만의 행사로 끝나는 것이 아니라 총회를 개최하기까지의 준비 과정을 모두 포함해야 합니다. 창립총회 때 준비했던 과정을 떠올려보면 됩니다. 회계연도 시작점을 3월 1일로 정하고 있는 학교협동조합을 기준으로 설명하겠습니다. 현재 표준정관에 따르면 정기총회는 매년 1회 회계연도 종료 후 2개월 이내에 이사장이 소집하도록 하고 있습니다. 따라서 4월에는 정기총회가 이뤄져야 합니다. 3월 신학기가 시작되면 바로 총회 준비 교육부터 해서 총회준비위원회를 구성하는 게 좋습니다. 다음 표를 통해 대략의 총회 준비 과정을 살펴보겠습니다.

일정	활동명	준비 사항
3월 1~2주	총회 준비 교육	- 조합원, 임원 대상 총회 준비 교육 진행
	총회준비위원회 구성	- 총회준비위원회 구성 및 일정 논의 - 소위원회 구성(선거 관리, 정관, 사업계획, 홍보위원회 등)
	총회 안내	- 총회 안내(학교 게시판, 홈페이지 등)
3월 3~4주	총회 자료 준비	- 분과 위원회별 사업 평가서 및 계획서 - 결산 및 예산안, 정관 변경안(해당 시) 작성 - 감사 보고서 취합
	총회 의안 확정	- 총회 의안 확정 - 총회 개최 30일 전 재적 조합원 명단 출력

3월 3~4주	총회 안건 사전 안내	– 조합원 대상 총회 안건 안내(학교 게시판, 홈페이지 등)
4월 1~2주	임원 선거 및 후보 공고 (임원 선출 시)	– 선거관리위원회 구성 – 임원 선거 공고(후보 등록 기간, 선거일) – 후보 등록 및 공고
	총회 공고	– 7일 전(총회 당일과 공고일 제외한) 공고 – 총회 안내(문자, SNS, 전화)
	총회 참석자 점검	– 전체 조합원의 과반수 이상 참석해야 함 – 1인 1 대리 가능 – 서면 제출 시 총회 전 서류가 도착해야 함 – 총회 자료 사전 공지(홈페이지, 이메일 발 송 등)
4월 3~4주	총회 진행	– 총회 참석자 명부 준비: 참석자들은 날인 혹은 서명 – 총회 전경 사진 자료 보관

또한 조합원 수가 200명을 초과하면 조합원을 대변하는 대의원을 뽑아 총회에 갈음하는 대의원총회를 둘 수도 있습니다. 대의원 정수는 대의원 선출 당시 조합원 총수의 100분의 10 이상이어야 합니다. 다만 그 대의원 총수가 100명을 초과하면 100명으로 할 수 있습니다. 대의원은 학생, 학부모, 교사별로 적정한 수를 뽑아 대표성을 가질 수 있도록 하는 게 좋습니다.

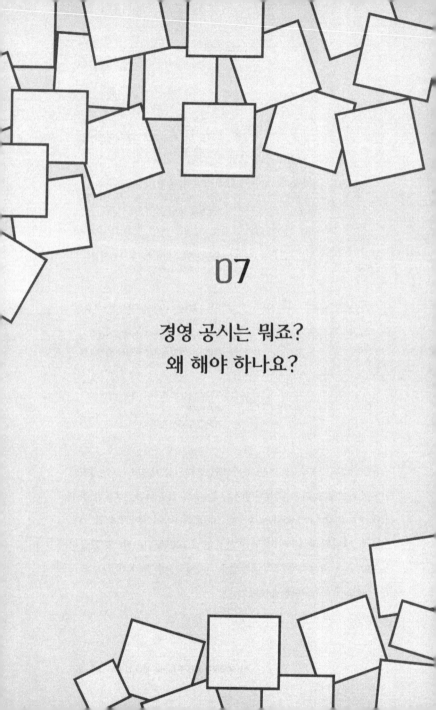

07

경영 공시는 뭐죠?
왜 해야 하나요?

'협동조합 기본법'상 협동조합의 운영 사항은 공개하는 것이 의무이므로 일정 규모 이상의 협동조합 및 사회적협동조합은 주요 경영 정보를 공개하고 있습니다. 이는 협동조합의 운영에 따른 결산 내역 등 운영 관련 사항을 공개함으로써 조합원 및 국민들의 알 권리를 충족시키고, 투명한 경영 정보 공개로 협동조합의 경쟁력 강화 등 협동조합을 활성화하려는 목적 때문입니다.

일반협동조합의 경우 조합원 수가 200명 이상이거나 직전 사업연도의 결산보고서에 적힌 납부 출자금 총액이 30억 원 이상인 경우, 그리고 모든 사회적협동조합이 경영 공시 대상입니다. 대부분 학교협동조합은 교육부가 인가하는 사회적협동조합으로 설립되기 때문에 경영 공시 대상입니다. 단 회계연도 결산일부터 3개월 이내에 설립인가를 받은 사회적협동조합은 제외됩니다.

경영 공시는 총회의 의결을 거쳐 매 회계연도의 결산일로부터 3개월 이내에 협동조합 포털사이트(www.coop.go.kr)에 해야 합니다. 이때 공시 자료에 개인정보(주민등록번호, 생년월일, 휴대전화 번호, 주소 등)가 포함되어 노출되지 않도록 주의해야 합니다. 경영 공시를 게을리한 때에는 100만 원 이하의 과태료가 부과됩니다.

여러 기관의 협동조합 경영 공시 자료를 살펴보는 것도 학교협동조합을 준비하는 데 큰 도움이 됩니다. 앞서 살펴본 대로 대부분의 학교협동조합이 사회적협동조합으로서 경영 공시를 해야 하는 대상입니다. 따라서 학교협동조합의 재무 상황, 조직 상황 등을 누구나 사이트에서 편리하게 볼 수 있습니다. 그만큼 투명하게 운영되는 것이기도 하고요. 다만 경영 공시상으로는 다 드러나지 않은 부분도 분명 있습니다.

예를 들어 어느 학교협동조합의 경우 영업 외 수익이 많아서 외부 후원으로만 운영되는 것은 아닌가 생각할 수 있는 지점이 있지만, 내부 사정을 들여다보면 해당 학교협동조합이 지역사회 대표로서 외부 공모 사업을 유치해 지역의 교육 활동을 한 경우도 있었으니까요. 이처럼 지표상으로는 숨은 맥락이 다 드러나지 않은 경우도 있고, 특히 학교협동조합처럼 교육 활동이 중심이 된 모델의 사회적 가치가 제대로 드러나지 않기도 합니다. 그럼에도 이런 자료를 감안해서 살펴본다면 학교협동조합을 이해하고 준비하는 데 큰 도움이 됩니다.

한국사회적기업진흥원에서 경영 공시 자료 작성법을 교육하고 있습니다. 서울에서는 신나는조합(www.joyfulunion.or.kr, 02-365-0330, 협동조합팀 070-7600-0510)에서도 진행합니다.

구체적으로는 ① 정관과 규약 또는 규정, ② 사업결산 보고서, ③ 총회, 대의원총회 및 이사회 활동 상황, ④ 사업 결과 보고서 등을 제출하며 다음의 표와 같은 내용을 별도의 서식에 맞춰 작성합니다.

구분	내용
정관과 규약 또는 규정	- 사회적협동조합의 정관을 게재 - 정관이 변경된 경우 변경된 정관을 게재 - 정관에 발기인의 개인 정보가 포함된 경우 이를 삭제하고 게재
사업 결산보고서	- 직전 회계연도 '수입 · 지출 예산서'상의 예산과 '사업 결산보고서'상의 항목 및 예산액이 일치하도록 작성 - 수입과 지출의 합계 금액이 일치하도록 작성
총회, 대의원총회, 이사회 활동 상황	- 창립총회 포함
사업 결과 보고서	- 해당 연도 사업계획 및 사업 결과 기재
소액 대출 및 상호부조 사업 결과 보고서	- 해당 연도 소액 대출 및 상호부조 사업 결과 기재

08

설립등기 이후에도
변경등기를 해야 하나요?

설립등기 이후 협동조합의 중요 사항이 변경되었다면 변경등기를 해야 합니다. '협동조합 기본법'의 관련 규정은 다음과 같습니다. 정관 변경은 모든 경우 변경등기를 해야 하는 것은 아니고, 목적과 명칭, 주된 사무소 소재지 등이 변경되었을 경우에만 변경등기 대상입니다. 이를 정리하면 다음과 같습니다.

변경 내용		변경 인가	변경등기	사업자 등록 정정
정관	목적, 명칭, 주된 사무소 소재지	O	O	O
	기타			
임원	이사장(주소까지 포함)		O	O
	기타 임원		O	
출자	출자 1좌당 금액		O	
	출자금 총액		연 1회 등기	

신청인은 이사장이며, 이사장 이외의 자가 신청할 경우 이사장의 인감이 날인된 위임장과 이사장의 인감증명서를 가지고 가야 합니다. 이럴 경우에는 등기 전에 총회 의사록의 공증을 받아야 합니다. 따라서 공증 관련 위임장에 총회 출석 조합원의 인감이 날인되어야 하고, 인감증명서가 첨부되어야 합니다.

정관의 목적, 명칭, 주된 사무소의 소재지가 변경되지 않는 경우에는 정관이 변경되어도 인가만 받으면 되고, 변경등기를 하지 않아도 됩니다. 학교협동조합은 목적, 명칭, 주된 사무소의 소재지가 바뀌는 경우는 매우 드물기 때문에 그 외의 경우 인가만 받으면 되고, 변경등기는 불필요합니다. 또한 사회적협동조합은 앞서 언급한 것처럼 정관 변경 사항만 인가를 받으며 다른 사항에 대해서는 인가를 받지 않아도 됩니다.

정관의 목적, 명칭, 주된 사무소의 소재지나 임원이 변경된 경우는 변경일로부터 21일 이내에 변경등기를 해야 합니다. 총 출자좌수와 납부한 출자금의 총액이 변경된 경우(출자금 변경등기)에는 회계연도 말을 기준으로 그 회계연도가 끝난 후 3개월 이내에 변경등기를 해야 합니다.

따라서 학교협동조합은 특히 임원 변경등기와 출자금 변경등기를 주의하면 됩니다. 특이한 사항은 이사장이 변경되지 않았더라도 주소가 변경된 경우 변경등기를 해야 합니다. 변경등기를 할 사항을 결의하지 않는 총회는 의사록 공증이 필요 없으나, 임원이 바뀌었다면 반드시 의사록 공증이 필요합니다.

공증은 가까운 공증 사무실에 서식을 요청하고 총회 의사록 원본과 함께 제출하면 됩니다. 특히 공증 관련 위임장에는 총회 출석 조합원의 인감 날인과 인감증명서가 필요합니다. 의사록 공증 면제를 받은 경우에는 공증 없이 등기가 가능합니다. 그리고 출자금 변경은 총회의 의결 사항이 아니므로 의사록이 없으며, 변경이 있을 때만 연 1회 변경등기를 하면 됩니다.

참고 문헌

- 경기도 교육청, 《교육협동조합 운영 매뉴얼》, 2016
- 경상남도 교육청, 《학교협동조합 설립 매뉴얼》, 2017
- 박선하 외, 《I love 학교협동조합》, 맘에드림, 2017
- 박주희 · 서용선 · 주수원 · 홍섭근 · 황현정, 《학교협동조합, 현 장체험학습과 마을교육공동체를 잇다》, 살림터, 2015
- 박주희 · 주수원, 《만들자, 학교협동조합》, 맘에드림, 2015
- 서울시학교협동조합추진단, 《학교협동조합 설립 매뉴얼》, 2015
- 서울특별시 교육청, 《학교협동조합 매점 운영 매뉴얼》, 2016
- 장종익, 《협동조합 비즈니스 전략》, 동하, 2014

–

- 국가평생교육진흥원, 〈4차 산업혁명의 시대에서 묻는 교육의 미래: 세계경제포럼의 교육을 위한 새로운 비전〉, 2016
- 김윤경, 〈서울특별시교육청의 미래교육 방향〉, 《서울교육》, 가 을호, 2016
- 김정원, 〈영국 협동조합 칼리지의 사회적경제교육〉, 《서울시 초 중등 사회적경제 교과서 모델 개발을 위한 사전 조사 및 연구 (박도영 외)》, 서울시, 2015
- 김종호, 〈사회적 기업 개념의 범주화에 대한 법적 담론〉, 《법학

논고》, 2014, Vol. 47(5), 133-174

- 김회경, 〈서울의 미래교육, 미래교실〉, 《서울교육》, 가을호, 2016

- 박도영 외, 《사회적경제 교육표준안 활용 해설서》, 한국사회적 기업진흥원, 2017

- 박주희, 《학교협동조합을 통한 청소년소비자의 사회적경제 교육에 대한 연구: 한국과 영국의 사례를 중심으로》, 소비자교육정책연구, 2016 a, Vol. 12(1)

- 박주희, 《영국 협동조합학교의 운영 현황과 시사점》, 한국교육개발원, 2016 b

- 신민하, 〈학교협동조합 활동을 통한 학생조합원의 역량 변화에 대한 연구: Sen의 역량접근법을 중심으로〉, 한국교원대학교 석사논문, 2016

- 윤우현, 〈학교협동조합 만들기〉, 《교육비평》, 2016

- 진미석, 〈창의적 진로개발과 SCEP(학교진로 교육 프로그램)〉, 한국직업능력개발원, 2013

–

- 박인범, 〈학교협동조합에서 나는 사람(人)을 배웠다〉, 윤리적 소비 공모전, 2017

- 이상국, 〈교원직무연수 받으며 협동의 힘 배워요〉, 세모편지,

2015. 8. 12

- 이찬승, 〈2030년 바람직한 미래학교 구상, 미래학교의 특징과 교사의 역할을 탐색하다〉, 《허핑턴포스트코리아》, 2016. 4. 14

- 〈17세 학생 이사의 과감한 사업 확장〉, 《시사IN》, 2017. 8. 24

- 〈공업고 안에 뜬 협동조합, 현장실습을 여기에서?〉, 《시사IN》, 2117. 8. 24

- 〈교실이 비좁은 교사 혁신가들〉, 《한겨레21》, 2017. 5. 29

- 〈[M]기획, 사회적경제 - ③] 학교협동조합의 출발… 아이들 위한 엄마의 마음〉, 《문화저널21》, 2016. 10. 19